Méditation de guérison des chakras pour les débutants

Comment équilibrer les chakras et rayonner une énergie positive

Jean Martin

Copyright Tous droits réservés.

Ce livre électronique est fourni dans le seul but de fournir des informations pertinentes sur un sujet spécifique pour lequel tous les efforts raisonnables ont été faits pour s'assurer qu'il est à la fois précis et raisonnable. Néanmoins, en achetant ce livre électronique, vous acceptez le fait que l'auteur, ainsi que l'éditeur, ne sont en aucun cas des experts sur les sujets contenus dans ce livre, quelles que soient les affirmations qui peuvent y être faites. En tant que tel, toutes les suggestions ou recommandations qui sont faites dans ce livre sont faites purement pour le divertissement. Il est recommandé de toujours consulter un professionnel avant d'appliquer les conseils ou les techniques qui y sont présentés.

Il s'agit d'une déclaration juridiquement contraignante qui est considérée à la fois comme valide et équitable par le Comité de l'Association des éditeurs et l'American Bar Association et qui doit être considérée comme juridiquement contraignante aux États-Unis.

La reproduction, la transmission et la duplication de tout contenu trouvé dans ce document, y compris toute information spécifique ou étendue, seront considérées comme un acte illégal, quelle que soit la forme finale de l'information. Cela inclut les versions copiées de l'œuvre, qu'elles soient physiques, numériques ou audio, à moins que l'éditeur n'ait donné son consentement exprès au préalable. Tous droits supplémentaires réservés.

En outre, les informations qui se trouvent dans les pages décrites ci-après sont considérées comme exactes et véridiques lorsqu'il s'agit de relater des faits. À ce titre, toute utilisation, correcte ou incorrecte, des informations fournies dégagera l'éditeur de toute responsabilité quant aux actions entreprises en dehors de son champ d'action direct. Quoi qu'il en soit, il n'existe aucun scénario dans lequel l'auteur original ou l'éditeur peuvent être considérés comme responsables de quelque manière que ce soit des dommages ou des difficultés qui peuvent résulter de l'une des informations présentées ici.

En outre, les informations contenues dans les pages suivantes ne sont destinées qu'à des fins informatives et doivent donc être considérées comme universelles. Comme il sied à leur nature, elles sont présentées sans garantie quant à leur validité prolongée ou leur qualité intermédiaire. Les marques commerciales mentionnées le sont sans autorisation écrite et ne peuvent en aucun cas être considérées comme une approbation du détenteur de la marque.

Table des matières

Introduction

Chapitre 1 : Que sont les chakras ?

Chapitre 2 : Histoire du concept des chakras

    Introduction des chakras dans le monde occidental

    Référence historique des chakras

    Propagation de l'idée de la méditation des chakras

Chapitre 3 : Pourquoi avez-vous besoin de connaître les chakras ?

Chapitre 4 : La science derrière les chakras

Chapitre 5 : L'importance de l'équilibrage des chakras

Chapitre 6 : Les 7 chakras et leurs propriétés

    Le chakra racine - Mooladhara

    Le chakra sacré

    Le chakra du plexus solaire

Le chakra du cœur

Le chakra de la gorge

Le chakra du troisième œil

Le chakra de la couronne

Chapitre 7 : Les raisons du blocage ou du déséquilibre des chakras et les façons dont ils affectent votre vie

Chapitre 8 : Signification de l'équilibrage et de l'éveil des chakras

Chapitre 9 : Méthodes de guérison et d'équilibrage des chakras

1. Méditation
2. Yoga
3. Guérison par les cristaux
4. Huiles essentielles
5. Changements de mode de vie
6. Reiki

Chapitre 10 : Guérison et équilibrage des chakras

Guérison du chakra racine

Méditation de guérison du chakra racine

Guérison des chakras sacrés

Méditation de guérison du chakra sacré

Guérison du chakra du plexus solaire

Méditation de guérison du chakra du plexus solaire

Guérison du chakra du cœur

Méditation de guérison du chakra du cœur

Thorat Chakra Healing

Méditation de guérison du chakra de la gorge

Guérison du chakra du troisième œil

Guérison du chakra de la couronne

Conclusion

Introduction

Nous vous félicitons d'avoir acheté ce livre et vous en remercions. Ce livre vous aidera à acquérir une compréhension claire du concept et de l'importance des chakras, des raisons de leur blocage et des moyens de les guérir.

Le concept des chakras a commencé à attirer l'attention des gens de nos jours, car la plupart des gens pensent qu'il peut les aider à résoudre la plupart de leurs problèmes dans la vie.

Le concept des chakras est très profond et très vaste. En Orient, ce concept a été développé il y a plus de 4000 ans, et depuis lors, il est suivi sous diverses formes. Si vous regardez de près, la connaissance des chakras peut vous aider à résoudre de nombreux mystères de votre vie personnelle. La meilleure chose à propos des chakras est qu'ils ne parlent pas seulement des problèmes mais vous aident aussi à trouver des solutions.

Plusieurs mythes et idées fausses circulent autour du concept des chakras. Il y a un manque de clarté, et la plupart des gens considèrent encore qu'il s'agit d'une forme de magie. Certaines personnes se tiennent à l'écart de la connaissance des chakras car elles pensent qu'elle est liée à une religion spécifique.

Ce livre vous aidera à dissiper toutes ces confusions.

Ce livre n'est pas seulement une introduction au concept des chakras, mais il explique aussi en détail les façons dont vous pouvez bénéficier de cette connaissance.

Nous avons tous ces chakras actifs dans notre corps naturellement. Cependant, le mode de vie moderne, le stress, l'anxiété, les émotions refoulées, les douleurs chroniques et les souffrances de la vie en général peuvent bloquer les chakras, et le flux d'énergie dans le corps peut être affecté. Cela peut causer d'innombrables problèmes, et après avoir lu ce livre, vous serez également en mesure d'évaluer le nombre de problèmes auxquels vous avez été confrontés en raison du blocage des chakras. Notre ignorance nous fait continuer sur le même chemin sans aucun répit.

Le blocage des chakras peut être rectifié, et les chakras peuvent être guéris. Cela signifie que la plupart des problèmes causés par les chakras n'ont pas besoin d'être une partie permanente de notre vie. Ils peuvent être éliminés de façon permanente.

Ce livre vous aidera à comprendre les moyens d'y parvenir.

La plupart des gens pensent qu'il s'agit d'une tâche très difficile qui nécessite une grande expertise ou de grandes compétences. Ce livre explique les méthodes simples permettant de corriger les problèmes liés aux chakras.

Je vous assure que vous trouverez les solutions faciles et efficaces.

J'espère que vous trouverez ce livre utile et que vous serez en mesure d'apporter une valeur ajoutée grâce aux connaissances qu'il contient.

Il existe de nombreux livres sur ce sujet sur le marché, merci encore d'avoir choisi celui-ci ! Tous les efforts ont été faits pour qu'il soit rempli d'autant d'informations utiles que possible ; profitez-en !

Chapitre 1 : Que sont les chakras ?

Au cours des dernières décennies, le concept des "chakras" a acquis une juste reconnaissance dans le monde occidental. Il est considéré avec grand intérêt comme un concept mystique qui a le pouvoir de résoudre des problèmes compliqués.

- Certaines personnes considèrent les chakras comme un moyen de trouver la paix intérieure. Elles recherchent le pouvoir des chakras pour trouver une issue à l'énigme de la vie.

Sont-ils sur la bonne voie ?

Les cultures orientales suivent cette voie depuis plus de 4000 ans maintenant. Cette pratique n'est pas restée confinée à une seule région, mais a continué à s'étendre, ce qui prouve qu'elle a obtenu les bénéfices escomptés.
    Les chakras peuvent vous aider à trouver la paix et la tranquillité.

- Certains considèrent les chakras comme un moyen de rétablir l'équilibre énergétique perdu. Grâce au pouvoir des chakras, ils essaient de retrouver l'étincelle perdue dans leur vie.

Le bilan énergétique a-t-il de l'importance, ou même existe-t-il ?

L'importance de l'équilibre énergétique peut varier d'une personne à l'autre. Cependant, ce n'est un secret pour personne que sans un équilibre énergétique inhérent, il peut devenir très difficile de mener à bien les fonctions de cette vie de manière transparente.
Qu'il s'agisse d'un simple manque d'intérêt pour la vie ou d'une incapacité à canaliser les énergies de manière positive, les chakras peuvent aider au travail énergétique.

- D'autres pensent que grâce au pouvoir des "chakras", ils pourront mieux exprimer leurs capacités inhérentes.

Sont-ils mal inspirés de le penser ?

Les personnes qui se débattent dans leur vie et leur carrière ont le sentiment étrange d'être piégées dans les mauvaises professions. Leurs passions et leurs capacités sont ailleurs. Quels que soient les efforts qu'ils déploient dans une profession ou une forme d'art particulière, ils ne sont jamais en mesure de réaliser leur véritable potentiel. D'un autre côté, il y a des gens qui commencent à obtenir la célébrité et le succès sans effort. Ils semblent être au bon endroit au bon moment. Ce n'est pas seulement une question de coïncidence.

Ce livre explique comment les chakras influencent notre personnalité, nos traits de caractère, nos goûts et nos capacités professionnelles.

Si vous travaillez sur les bons chakras en fonction de votre intérêt et de votre inclination, il n'y a pas de limite aux capacités que vous pouvez acquérir dans ces domaines. Nous sommes la somme totale de la façon dont nos énergies se manifestent. L'énergie est comme un courant électrique. Vous pouvez utiliser la même énergie pour chauffer de l'eau ou la congeler. Tout dépend de l'appareil utilisé. Les chakras sont ces médiums. Si vous travaillez sur les bons chakras en fonction de votre inclination, vous pouvez facilement atteindre votre potentiel maximum.

Ce livre vous aidera à comprendre les chakras et la manière dont ils comptent pour nous. Le concept des chakras n'est pas fondé sur des croyances superstitieuses. Des pratiques bien établies comme le Reiki sont basées sur les principes de flux d'énergie des chakras. La science de l'acupuncture et de l'acupression fonctionne également sur les principes de flux d'énergie.

C'est un concept qui a été suivi sous diverses formes dans la plupart des régions du monde, même lorsqu'il n'y avait aucun moyen de diffuser les connaissances. Cela signifie que nos ancêtres ressentaient l'importance du flux d'énergie dans nos vies. Dans le concept des chakras, ce principe est bien développé et organisé. Pendant des milliers d'années, les sages ont médité sur ce concept et ont contribué à le développer jusqu'à la perfection.

Dans le système des chakras, il existe des principes qui peuvent vous aider à atteindre un équilibre énergétique parfait. Avec l'aide de la guérison des chakras, vous pouvez rétablir les chakras bloqués, activer les chakras inactifs et synchroniser tous les chakras. En fait, il existe plusieurs façons d'apporter cette harmonie.

Tout cela a nécessité des milliers d'années de pratique et de travail. Il s'agit d'une tradition séculaire qui s'est perfectionnée avec le temps et la patience.

En suivant simplement certaines règles et pratiques spécifiques, vous pouvez bénéficier de tous les avantages du système des chakras. La seule chose qui se dresse entre vous et le monde de la connaissance est votre ignorance de ce concept.

L'objectif principal de ce livre est de vous aider à comprendre le concept à partir de zéro afin que vous puissiez l'explorer sans aucun doute dans votre esprit.

- Vous pouvez avoir des doutes dans votre esprit.
- Vous êtes peut-être cynique.
- Vous êtes peut-être un sceptique.

En fait, être tout cela est bon et encouragé dans les traditions orientales.

La plus ancienne mention documentée du système des chakras se trouve dans la tradition hindoue de la fondation de la vallée de l'Indus. La tradition hindoue, telle que nous la connaissons, n'est pas une tradition de croyants. Elle ne vous demande pas de croire en des principes établis. Elle veut que vous remettiez les choses en question. Elle veut que vous remettiez en question les croyances établies. Elle veut que vous compreniez d'abord chaque principe sur lequel vous allez travailler.

C'est une tradition qui encourage l'exploration de la connaissance. Même les anciens textes religieux hindous sont remplis de questions et de réponses. Dans cette tradition, les gens n'ont jamais hésité à poser des questions, même à Dieu. En fait, ils ont toujours cherché des réponses aux problèmes les plus complexes de la vie.

Par conséquent, si vous voulez procéder en tant que sceptique ou cynique, vous êtes le bienvenu.

Certaines personnes craignent que la pratique du chakra n'interfère avec leur foi.

Ces personnes n'ont aucune raison de s'inquiéter. Bien que la mention des chakras trouve son origine dans les anciens textes hindous, cette pratique n'a jamais été développée comme une pratique religieuse. Il s'agit simplement d'un moyen de canaliser vos énergies de la bonne manière.

En fait, la pratique du yoga trouve également son origine dans les mêmes textes. Mais, aujourd'hui, le monde entier a reconnu et accepté ses bienfaits. Il n'a rien de religieux. Il s'agit d'une simple pratique visant à maintenir le corps et l'esprit en bonne santé.

De la même manière, la méditation des chakras n'a rien de religieux. La pratique des chakras est un moyen simple de canaliser vos énergies dans la bonne direction.

- Si vous avez l'impression que votre vie ne va pas dans la bonne direction...
- Si vous vous sentez perdu à mi-chemin
- Si vous vous sentez vidé de votre énergie
- Si vous vous sentez confus et chaotique
- Si vous vous trouvez incapable d'utiliser vos énergies à leur plein potentiel

Alors, l'exploration du concept des chakras est un must pour vous.

Les chakras peuvent vous aider à atteindre ces objectifs et bien plus encore. En fait, les pouvoirs des chakras sont infinis.

Cependant, il ne serait pas prudent de se contenter de poursuivre les chakras pour atteindre ces objectifs sans les comprendre un peu.

Ce livre va vous aider dans trois domaines principaux :

1. Expliquez le concept des chakras.
2. Vous faire prendre conscience de la puissance des chakras.
3. Vous aider à guérir et à équilibrer les chakras.

Chapitre 2 : Histoire du concept des chakras

Introduction des chakras dans le monde occidental

Il y a quelques dizaines d'années à peine, la mention des chakras n'aurait pas sonné dans le cœur et l'esprit des gens. Pourtant, aujourd'hui, le concept des chakras fait l'objet de toutes les attentions.

Le concept de chakra est vieux d'environ 100 ans pour le monde occidental. En 1919, Sir John Woodroffe a été nommé avocat général du Bengale par le gouvernement impérial britannique de l'époque, pendant la période de colonisation de l'Inde. Le Bengale est un État oriental de l'Inde. Pendant son séjour de 18 ans en Inde, Sir Woodroffe a développé un intérêt profond pour les études sanskrites.

Il a étudié le sanskrit pendant son séjour en Inde et a traduit une vingtaine de textes sanskrits originaux. Il s'est particulièrement intéressé à la philosophie du système des chakras et, pour transmettre ces connaissances au monde occidental, il a publié en 1919 son ouvrage phare, "The Serpent Power". Il s'agit du premier livre en anglais qui traite en détail des concepts de Kundalini Yoga et de Chakras.

Référence historique des chakras

La plus ancienne mention des chakras remonte à plus de 4000 ans. Des textes sanskrits exhumés détaillant les chakras sont parmi les plus anciennes références dont nous disposons. Cependant, on pense que le concept des chakras pourrait être aussi vieux que la pratique de la méditation, ce qui peut étendre cette chronologie beaucoup plus loin, car les preuves de pratiques de méditation ont plus de 8000 ans.

Il est très difficile de déterminer la chronologie exacte du concept de méditation des chakras, car les traditions védiques hindoues étaient principalement de nature orale. Les enseignants, les sages et les voyants transmettaient le savoir à leurs disciples méritants par le biais d'une formation pratique et d'un support verbal. Bien souvent, les enseignants ont même laissé mourir plusieurs enseignements s'ils n'étaient pas en mesure de trouver un disciple méritant, car ils craignaient une mauvaise utilisation de la connaissance ou une propagation incorrecte. La tradition de préserver le savoir par le biais de livres et de documents écrits est apparue très tard.

Les anciens textes hindous appelés Vedas et Upanishads contiennent des descriptions élaborées des chakras. Plusieurs Upanishads contiennent une description détaillée des chakras et de leur utilisation dans notre vie personnelle.

Propagation de l'idée de la méditation des chakras

L'idée de la méditation des chakras a commencé à se répandre rapidement avec le développement du bouddhisme. Les moines bouddhistes qui ont parcouru le monde pour répandre le message de paix par la méditation ont également transmis le concept des chakras, car les deux se complétaient. La méditation permet d'équilibrer très facilement les chakras, et si les chakras sont en équilibre, il devient très facile de trouver la paix dans la vie. C'est un mélange qui se fait sans effort et qui est souhaitable. Les terminologies ont changé, certains concepts ont été fusionnés, mais l'ensemble du concept s'est parfaitement imbriqué. Plusieurs techniques de guérison suivies dans le monde entier en sont un exemple.

Par exemple, la guérison par le Reiki est une technique qui a été développée au Japon. Elle fonctionne sur des principes similaires à ceux des chakras. L'acupuncture, l'acupression, le yoga, la réflexologie et le Qigong sont d'autres techniques qui semblent être basées sur les mêmes principes.

Ici, il est important de noter que ces techniques ne sont pas nées au même endroit. Certaines techniques se sont développées en Inde, tandis que d'autres ont pris naissance dans des régions éloignées d'Asie comme la Chine et le Japon. Cela peut ne pas sembler difficile aujourd'hui, mais pensez à la vitesse à laquelle les choses pouvaient se répandre il y a 2000 ans. Il s'agit de techniques indigènes à ces régions.

Le concept d'énergie est universel par nature. Les savants du monde entier ont ressenti cette énergie et ont essayé de construire un système qui puisse les aider à mieux la canaliser. Le système des chakras est l'un des systèmes les mieux définis et les plus structurés de cette série.

Dissiper quelques confusions

Le concept de chakra est très large. Le pouvoir des chakras est illimité, et il ne devrait y avoir aucun doute à ce sujet. Cependant, plusieurs mythes circulent à propos de ce concept.

Certaines personnes veulent miser sur l'idée des chakras, et ont donc commencé à la projeter comme un concept permettant d'acquérir de grands pouvoirs mystiques. D'autres l'ont présenté comme un pouvoir magique devant les masses. Cela crée une grande couche de mysticisme et d'appréhension.

Le concept des chakras ne recèle pas plus de magie que celle de votre personne. Nous sommes pleins d'un grand potentiel, et c'est un fait indiscutable. Les chakras peuvent certainement aider à améliorer ces capacités inhérentes en vous, et cela peut ressembler à de la magie pour d'autres. Cependant, cela demande du temps, de la patience et beaucoup de travail. Les personnes qui ne font pas attention pensent que l'autre personne est devenue exceptionnelle du jour au lendemain.

La célèbre citation de Lionel Messi est très pertinente dans ce contexte. Il a dit : "Je commence tôt, et je reste tard, année après année, il m'a fallu 17 ans et 114 jours pour devenir un succès du jour au lendemain".

Il y en a d'autres qui traitent les chakras comme un concept de magie noire comme le vaudou. Le chakra n'est pas un concept qui affecte les autres. C'est un moyen de s'améliorer. Vous pouvez vous améliorer grâce à cette technique. Vous pouvez développer vos pouvoirs. Ce que vous faites avec ce pouvoir dépend toujours de vous, et la technique n'a rien à voir avec cela.

Cependant, en acquérant une meilleure compréhension du concept des chakras, vous apprendrez qu'en montant dans l'échelle des chakras, votre sens de l'obsession de soi commence à diminuer. Vous devenez moins égocentrique ou concerné. Vous commencez à vous sentir plus connecté et concerné par le monde.

Le concept des chakras a pour objectif final de créer une identité universelle et d'y intégrer le soi. Il vous aide à élargir les limites de votre perception et à mieux répondre aux besoins du monde qui vous entoure.

La culture védique n'a jamais été celle qui est obsédée par l'accumulation de biens matériels, mais par la connaissance et le concept des chakras en est un témoignage.

Ces dernières années, les gens ont commencé à montrer un vif intérêt pour les chakras, en particulier pour l'éveil du sixième chakra, également connu sous le nom de chakra du troisième œil ou chakra Ajna. La raison de ce vif intérêt réside dans le fait que ce chakra peut aider une personne à acquérir des pouvoirs psychiques. Il aide également à étendre le sens de la perception et le sixième sens.

Le problème est que si vous essayez d'éveiller le chakra du troisième œil sans travailler sur les autres chakras de votre corps, cela peut créer un déséquilibre énergétique. Le pouvoir même que vous vouliez utiliser à votre avantage peut commencer à vous effrayer car il peut facilement devenir incontrôlable. Il est très important d'apprendre l'art de gérer et de canaliser correctement cette énergie.

Chapitre 3 : Pourquoi avez-vous besoin de connaître les chakras ?

C'est l'une des questions les plus pertinentes qui puissent se poser à votre esprit. Les chakras peuvent être très puissants, mais exploiter le pouvoir des chakras ne va pas être une promenade de santé. Il faut du temps, de la patience et de la persévérance.

Apprendre quoi que ce soit dans la vie n'est pas facile. Apprendre à marcher est un acte si simple. C'est une compétence qui se trouve dans notre mémoire cellulaire. Notre corps possède des membres et des muscles spécialement conçus pour nous faire marcher. Pourtant, un enfant a besoin de plusieurs mois de pratique pour apprendre l'art de la marche. De la même manière, notre esprit et notre corps sont tout à fait capables d'exploiter la puissance des chakras, mais il leur faudrait de la pratique et de la patience.

Toutefois, avant de consacrer tout ce temps et ces efforts, il est évident de réfléchir à la question fondamentale de l'utilité.

Examinons les questions suivantes.

1st Problèmes de chakra :

Avez-vous un sentiment général de manque d'énergie, de vigueur et de vitalité ?

Avez-vous l'impression de manquer cruellement de confiance en vous en dehors de votre zone de confort ?

Y a-t-il en vous une peur générale de la famille et de la sécurité ?

Vous trouvez-vous souvent indécis ou avez-vous du mal à vous en tenir à une décision ?

Vous avez du mal à obtenir une promotion au travail ?

Ce sont quelques-uns des signes de problèmes dans le chakra racine.

2nd Problèmes de chakra :

Avez-vous l'impression de perdre la passion même pour les choses que vous aimiez le plus ?

Y a-t-il un désintérêt général pour les plaisirs de la vie ?

Avez-vous l'impression que votre vie sexuelle devient ennuyeuse ou terne sans raison apparente ?

Votre estime de soi est-elle de plus en plus fragile ?

Avez-vous commencé à rechercher constamment l'appréciation ?

La culpabilité des erreurs passées a-t-elle commencé à prendre le dessus sur vous en tant que personne ?

Ce sont quelques-uns des signes de problèmes dans le chakra sacré.

3rd Problèmes de chakra :

Avez-vous du mal à maintenir des limites ?

Ressentez-vous un sentiment général de manque de maîtrise de soi ?

Avez-vous commencé à vous sentir complètement démotivé ?

Avez-vous commencé à vous sentir plus attiré par les addictions ?

Avez-vous commencé à vous appuyer sur les autres pour votre travail dernièrement ?

Ce sont quelques-uns des signes de problèmes dans le chakra du plexus solaire.

4th Problèmes de chakra :

Perdez-vous votre sens de l'identité ou faites-vous face à une crise d'identité interne ?

Les malentendus dans les relations ou avec les membres de la famille ont-ils commencé à augmenter de façon exponentielle ?

Avez-vous vraiment du mal à trouver un exutoire créatif ?

Avez-vous commencé à dire oui à tout et à tout le monde ?

Avez-vous des problèmes de confiance ?

Trouvez-vous vraiment difficile de laisser le passé derrière vous et d'aller de l'avant ?

Les émotions sont-elles refoulées en vous ?

Ce sont quelques-uns des signes de problèmes dans le chakra du cœur.

5th Problèmes de chakra :

Avez-vous commencé à éprouver des difficultés à vous exprimer ?

Apprendre quelque chose de nouveau devient-il très difficile ?

Avez-vous l'impression d'être de plus en plus têtu ?

Y a-t-il un sentiment croissant de détachement ?

Devenez vous vraiment intolérant à l'écoute des autres ?

Avez-vous commencé à perdre votre emprise ou votre influence sur les autres ?

Ce sont quelques-uns des signes de problèmes dans le chakra racine.

6th Problèmes de chakra :

Avez-vous commencé à vous sentir trop déconnecté et confus ?

Vous vous sentez coincé dans vos problèmes et incapable de regarder au-delà ?

Est-ce que vous jugez trop ces derniers temps ?

Vous vous sentez pris par le stress et l'anxiété ?

Perdriez-vous la distinction entre fiction et réalité ?

Vous avez du mal à croire en quelque chose ?

Ce sont quelques-uns des signes de problèmes dans le chakra du troisième œil.

7th Problèmes de chakra :

Vous vous surprenez à devenir hautain et pompeux ?

Vos croyances deviennent-elles rigides ?

Avez-vous commencé à vous comporter de manière secrète, obsessionnelle et hypocrite ?

Ressentez-vous une désorientation générale ?

Avez-vous commencé à vous sentir en manque d'inspiration ?

Devenez vous trop sensible à la lumière ?

Ce sont quelques-uns des signes de problèmes dans le chakra de la couronne.

Avez-vous l'impression que certaines des questions vous touchent de près ?

Ce sont quelques-uns des problèmes qui peuvent survenir s'il y a un déséquilibre dans les chakras. La liste des problèmes qui peuvent survenir en cas de déséquilibre des chakras est très longue. Vous découvrirez ces problèmes plus en détail lorsque nous parlerons des chakras individuellement.

Ici, le but de ce chapitre est de vous expliquer simplement les raisons pour lesquelles vous devez en savoir plus sur les chakras. La plupart du temps, le problème réside simplement dans les chakras, qui peuvent être traités facilement ; cependant, nous essayons généralement de le trouver dans quelque chose d'autre, et c'est pourquoi il n'est jamais résolu. La connaissance des chakras peut vous aider à résoudre facilement de tels problèmes.

Le concept des chakras n'est pas quelque chose qui concerne uniquement les personnes qui veulent obtenir quelque chose qui sort de l'ordinaire. Il concerne toute personne qui veut la paix dans la vie et qui veut réussir.

Les chakras de la connaissance peuvent être votre carte pour aller directement à votre destination.

Cela signifie-t-il que vous n'arriverez pas à destination si vous n'avez pas la carte ? Très probablement, vous connaissez déjà la réponse.

Vous pouvez atteindre ou non votre destination. Cependant, vous trouverez certainement qu'il est relativement difficile et long de s'y rendre.

En termes simples, la connaissance des chakras peut servir de guide général dans la vie. C'est aussi un manuel d'entraînement avec lequel vous pouvez travailler sur les domaines requis de manière très ciblée.

Si vous voulez réussir dans un domaine spécifique, vous pouvez commencer à travailler sur le renforcement du chakra qui aide à développer ces capacités. Par exemple, lorsque nous commençons nos études, nous devons étudier de nombreux sujets. Nous sommes à un âge tendre, et donc toutes les matières sont enseignées afin que nous puissions développer une meilleure compréhension pour choisir la filière de notre choix. Maintenant, imaginez que vous soyez obligé d'étudier toutes les matières pour toujours, ou les matières qui ne vous intéressent pas.

La connaissance du chakra peut vous éviter ces désagréments dans la vie. Vous saurez ce que vous aimez et ce sur quoi vous devez travailler. Vous serez capable de détecter les problèmes mieux et plus rapidement. Vous serez plus indépendant et plus satisfait.

La connaissance est un grand trésor, et la connaissance des chakras peut devenir un trésor que vous ne voudriez jamais perdre.

Chapitre 4 : La science derrière les chakras

L'ancien système védique décrit les chakras comme les centres d'énergie. Il estime que notre existence ne se limite pas à ce corps. Nous existons aussi sur plusieurs autres niveaux. Le système védique dit que nous existons au moins sur deux autres niveaux en même temps. Outre notre corps physique, il existe également un corps énergétique qui entoure notre corps physique, puis le corps spirituel qui entoure tout le reste.

Les scientifiques avaient du mal à croire à ce fait, mais il a été prouvé de manière concluante qu'il existe un champ d'aura autour de nous. Il existe une technologie qui permet de prendre des photos de cette aura même après que nous ayons quitté l'endroit. Le champ d'énergie est si puissant qu'il laisse son empreinte même après que vous avez quitté l'endroit. Les choses deviennent encore plus intéressantes à partir de là.

L'aura ne représente pas seulement votre présence physique mais donne également une description correcte de votre état mental et émotionnel. Cela signifie que si vous vous sentez sombre et découragé, cela se reflétera dans la photographie de votre aura, indépendamment de la façade que vous présentez sous la forme d'un faux sourire. Votre corps énergétique est beaucoup plus précis dans la représentation de votre état mental et émotionnel.

L'énergie joue un rôle très important dans nos vies. Alors que la science et la technologie modernes se concentrent entièrement sur la physique et la matière, pendant des siècles, les sages et les voyants orientaux se sont occupés de regarder vers l'intérieur. Ils croyaient que le corps humain ne se résumait pas au sang et aux os. Les sages pensaient que même s'ils concevaient un objet capable de fonctionner exactement de la même manière que le corps humain, il n'obtiendrait pas les caractéristiques et les pouvoirs humains. Outre la fonction mécanique du corps humain, il existe une énergie qui fait fonctionner ce corps, et elle est indestructible.

Les Vedas ont proclamé il y a des milliers d'années que l'âme est indestructible et incorruptible. Ce corps est simplement un support. L'âme change le corps comme on change de vieux vêtements.

Ils ont appelé cette énergie "Prana". Prana en sanskrit signifie vie ou énergie vitale universelle. Ce prana dicte toutes les fonctions mécaniques ainsi que les fonctions émotionnelles du corps.

Les Vedas décrivent ce système énergétique comme étant de nature très élaborée. Ils disent que cette énergie circule le long du système nerveux dans le corps. Il existe 72 000 "Nadis" ou nerfs principaux qui transportent le "Prana" dans tout le corps. Le réseau de distribution de l'énergie est si élaboré que pour un meilleur contrôle, il est divisé en 114 sous-stations appelées chakras.

Par conséquent, le nombre réel de chakras dans notre corps est de 114 au total. Parmi ces 114 chakras, 2 sont hors du corps. Cela signifie qu'ils ne sont pas physiquement présents à l'intérieur de notre corps. Nous n'avons pas besoin de faire quoi que ce soit de spécifique pour maintenir ces 2 chakras en équilibre. Tant que tous les autres chakras sont en équilibre, ces 2 chakras travailleront en tandem.

Les 112 chakras restants sont en outre divisés en 7 groupes. Ces groupes contrôlent divers aspects de notre développement physique, émotionnel et spirituel. Sous chaque chakra majeur, il y a 16 chakras mineurs.

Il existe une idée fausse très répandue selon laquelle les chakras sont physiquement situés à l'intérieur du corps. Cette idée est fausse. En fait, les chakras n'ont rien de physique.

Dans la langue sanskrite, le mot "chakra" signifie une roue. Or, comme nous l'avons déjà évoqué, le Prana circule à travers nos centres nerveux. Les principaux points de rencontre des nadis par lesquels passe le Prana sont appelés chakras. Mais, les points de rencontre ne sont pas circulaires. Au contraire, les nerfs se rencontrent généralement en s'entrecroisant. Les points de jonction sont donc toujours triangulaires. Or, l'énergie telle que nous la connaissons circule, elle est sous une forme fluide. Par conséquent, aux points de jonction, lorsque des énergies provenant de diverses sources se rencontrent, elles créent un tourbillon d'énergie. Celui-ci acquiert une forme circulaire, et il est en mouvement, et c'est pourquoi on l'appelle chakra.

Tout dans le corps est étroitement lié. Les 112 chakras ou les points de jonction forment un lien direct les uns avec les autres. Ils restent en réseau. Cependant, il n'y a rien qui ressemble à une roue qui fonctionne en vous. Vous ne trouverez pas en vous des roues libres comme il y en a dans une montre. Le point où la confluence de l'énergie est très puissante s'appelle un chakra. Ainsi, il y a 112 points de ce type dans le corps. Cependant, il faut un système pour réguler ce flux d'énergie de manière appropriée. Les centres de pouvoir de l'énergie qui peuvent réguler le flux d'énergie à l'intérieur de notre corps. Ces centres de pouvoir sont les 7 chakras principaux, et ils sont situés à l'extérieur du corps.

Les chakras sont situés le long de la colonne vertébrale. Il y a sept points principaux qui sont censés être les emplacements des chakras. Ces emplacements ne sont pas basés sur des suppositions. Chaque chakra majeur influence une glande endocrine ainsi qu'un groupe de nerfs appelés plexus. Les glandes endocrines sont des glandes sans conduit qui ont le pouvoir d'influencer la plupart des fonctions du corps par la production de messagers chimiques appelés hormones. Le plexus peut transmettre des messages directement aux régions concernées. Par conséquent, les chakras peuvent dominer tous les aspects de votre être sans même être physiquement situés à l'intérieur du corps.

Chaque chakra est fortement associé à une glande endocrine et à un plexus ou un groupe de nerfs. Cela leur confère le mécanisme de contrôle complet du corps. Les 7 chakras peuvent fortement influencer votre santé physique, émotionnelle, mentale et spirituelle en même temps.

De nombreuses personnes qui connaissent un peu les chakras et sont fascinées par les pouvoirs d'un chakra spécifique commettent l'erreur fatale de considérer ces chakras comme des entités séparées. Bien que chaque chakra ait son influence sur une glande endocrine et un centre nerveux spécifiques, il est étroitement lié aux autres chakras. Le fait de travailler sur un seul chakra ne fera que compliquer les autres chakras, car cela perturbera le délicat équilibre énergétique.

Par exemple, les trois chakras inférieurs du corps vous relient fortement à votre corps. Ils vous permettent de vous concentrer sur les activités matérielles et l'auto-préservation. Les trois chakras supérieurs sont fortement liés à l'intellectualisme et à la spiritualité. Ils essaient toujours de vous libérer du désir d'auto-gratification et d'auto-préservation. Pourtant, même si vous souhaitez acquérir des connaissances spirituelles, votre chakra racine doit être ouvert, actif et équilibré. Sans un chakra racine fonctionnel, vous ne pouvez pas avoir un chakra couronne fonctionnel, car le premier chakra est l'échelle vers le deuxième chakra et vers le haut. Vous ne pouvez ni sauter les chakras ni les contourner.

L'énergie qui traverse le système nerveux central ne peut circuler et être transmise en douceur que si tous les chakras fonctionnent en harmonie.

Indépendamment du type de pouvoirs que vous souhaitez ou du chakra sur lequel vous voulez vous concentrer, il est très important que tous les chakras de votre corps restent actifs, ouverts et équilibrés.

Chapitre 5 : L'importance de l'équilibrage des chakras

Comme nous l'avons déjà évoqué, il existe 7 chakras majeurs. Le rôle des chakras est de réguler l'énergie à chaque niveau et de la transmettre au chakra suivant dans la lignée. Les chakras du corps ne sont pas la source de cette énergie. Ils transforment simplement cette énergie et la transmettent ensuite aux chakras supérieurs. Pour maintenir la santé physique, mentale/émotionnelle et spirituelle, il est important que le flux d'énergie soit fluide et non obstrué. Si un chakra est bloqué ou inactif, le flux d'énergie en sera affecté. Chaque chakra a son propre domaine d'importance. Il influence un ensemble de caractéristiques et aucun autre chakra ne peut avoir quoi que ce soit à faire avec lui. Le blocage d'un chakra va vous affecter.

Cependant, cela ne signifie pas que chaque chakra est identique. Le niveau d'intensité avec lequel vous expérimentez la vie au niveau d'un chakra augmente au fur et à mesure que vous montez dans l'échelle des chakras. Vous commencez à faire l'expérience de la vie de manière plus vigoureuse. Par exemple, s'il y a un déséquilibre énergétique dans les chakras inférieurs comme le chakra racine, l'impact ne sera visible que dans des zones limitées. Vous serez personnellement plus affecté, mais les personnes qui vous entourent ne seront pas en mesure d'expérimenter la différence car les changements peuvent être très subtils. En revanche, s'il y a un déséquilibre énergétique dans les chakras supérieurs, comme le chakra du troisième œil ou le chakra de la couronne, les signes seront plus clairement visibles. La raison en est très simple : l'intensité avec laquelle vous expérimentez la vie à ces niveaux est très élevée. C'est la raison pour laquelle les gens accordent plus d'importance aux chakras supérieurs. Cependant, c'est une erreur que vous ne devez pas commettre.

Chaque chakra s'occupe de qualités spécifiques et vous donne un coup de pouce dans cette direction. Il a un rôle spécifique qui ne peut être ignoré. Par exemple, de nombreuses personnes qui ont récemment acquis des connaissances sur les chakras sont fascinées par le chakra du troisième œil. Il s'agit d'un chakra qui, lorsqu'il est pleinement actif, peut vous donner un sens accru de la perception. Ce chakra peut vous donner de puissants pouvoirs psychiques. Il peut rendre votre sixième sens très puissant, et vous pouvez être capable de sentir les énergies autour de vous. Tout cela semble génial et excitant. Cependant, les gens ignorent généralement la puissance nécessaire pour détenir ce type de pouvoir.

Il ne fait aucun doute que le chakra du troisième œil augmentera vos capacités psychiques. Mais, cela fonctionne dans les deux sens. Vous obtiendrez le pouvoir de sentir les énergies autour de vous, mais cela ne signifie pas que vous serez vraiment prêt à y faire face 24X7. Vous ne pouvez avoir aucun contrôle sur le type d'énergies qui entrent en contact avec vous. Lorsque cela commence à se produire de manière incontrôlée, cela peut vous effrayer. Votre capacité à percevoir les choses augmente de plusieurs fois. Cependant, cela ne signifie pas non plus que vous ne penserez qu'aux choses positives. Vos pensées peuvent être guidées par les choses qui vous entourent, et elles sont de nature mixte. Cela signifie également que vous pouvez commencer à avoir des pensées vraiment négatives. Si vous n'êtes pas correctement ancré, vous pouvez commencer à vous sentir vraiment effrayé. Vous pouvez perdre le contrôle de vos pensées. Pour rester ancré dans la réalité, vous devez avoir un chakra racine fort et actif. Sans un chakra racine puissant, vous vous tiendrez comme un poteau faible avec une lourde charge dans une grosse tempête. Un seul coup violent aura la capacité de vous faire basculer, et même les plus petits coups continueront à vous secouer.

Par conséquent, comme vous avez besoin des chakras supérieurs pour de plus grands pouvoirs, vous avez également besoin des chakras inférieurs pour développer la capacité de retenir ces pouvoirs. En outre, la manière d'ouvrir correctement les chakras supérieurs passe également par les chakras inférieurs.

Des chakras équilibrés aident au bon fonctionnement de l'esprit et du corps. Ils contribuent au développement global de votre personnalité. Les chakras donnent également une forme à votre personnalité. Le chakra le plus fort de votre système vous donnera une forme définie. Cela signifie que si les chakras supérieurs de votre corps sont plus importants, vous aurez une personnalité plus forte. C'est aussi une raison pour laquelle les gens sont si persuasifs après les chakras supérieurs. Cependant, ici aussi la même règle s'applique. Sans le développement des chakras inférieurs, l'expression des chakras supérieurs ne serait jamais utile. Si vous essayez d'y parvenir d'une manière non naturelle ou avec un effort excessif, les risques de dérapage sont très élevés.

Je tiens à insister sur ce point à plusieurs reprises, car les gens font très souvent cette erreur. Ils ne s'intéressent qu'à des chakras spécifiques sans vraiment comprendre les mécanismes de l'énergie. Vous ne pouvez bénéficier des avantages des chakras actifs que lorsque tous vos chakras sont synchronisés. Même un seul chakra bloqué peut déséquilibrer votre corps et votre esprit.

Une autre chose qu'il est vraiment important de comprendre est que ce n'est pas seulement le blocage d'un chakra qui peut causer un problème. Même si un chakra devient hyperactif, il peut causer la même quantité de problèmes ou même plus. Les chakras sont des centres d'énergie puissants, s'ils deviennent hyperactifs, les mêmes qualités qui peuvent vous aider commenceront à causer des problèmes.

Par exemple, le deuxième chakra, appelé chakra sacré, vous permet de profiter des fruits de ce monde. Il vous donne la capacité de ressentir de la joie et du plaisir dans ce monde. Il vous donne également le désir d'avoir des plaisirs sexuels. Ce chakra vous lie fortement à ce monde.

Si le flux d'énergie vers ce chakra est faible, vous pouvez commencer à vous sentir désintéressé de tout. Vous pouvez ne pas rechercher le plaisir et ne le trouver nulle part. Cela peut nuire à vos relations et vous rendre amer et rancunier. C'est le chakra qui vous fait aimer ce monde et la vie. Sans lui dans votre vie, ce monde deviendrait terne.

Cependant, si les énergies de ce chakra deviennent hyperactives, elles peuvent vous rendre obsédé. Vous pouvez devenir une personne complètement attirée par les plaisirs. Vous deviendriez également complètement indifférent à toutes vos responsabilités et aux personnes qui vous entourent. La surexpression de l'énergie dans le chakra sacré peut également faire de vous un maniaque sexuel qui n'a rien d'autre à l'esprit que le sexe. Ces personnes commencent à considérer tout le monde et tout ce qui existe comme des objets sexuels. Ces personnes ne restent pas longtemps cachées dans les sociétés et sont très vite marquées ou surclassées. Ces personnes perdent aussi rapidement leur utilité pour la société et finissent par vivre une vie pleine de ressentiment.

C'était juste un exemple de déséquilibre énergétique dans un chakra. Le chakra sacré est encore un chakra inférieur, et son intensité est donc faible. Au fur et à mesure que vous montez, l'intensité augmente et l'impact ressenti sur votre vie et votre personnalité est beaucoup plus important.

Il est donc très important que vous travailliez à l'harmonisation de vos chakras. Plus ils seront synchronisés, plus votre vie s'améliorera.

Chapitre 6 : Les 7 chakras et leurs propriétés

Il existe 7 chakras principaux :

Numéro	Nom du chakra	Nom sanskrit	Glandes associées
1st Chakra	Le chakra racine	Mooladhara	Glande corticale surrénale
2nd Chakra	Le chakra sacré	Svadisthana	Ovaires et testicules
3rd Chakra	Le chakra du plexus solaire	Manipura	Pancréas
4th Chakra	Le chakra du cœur	Anahata	Thymus
5th Chakra	Le chakra de la gorge	Vishuddhi	Thyroïde
6th Chakra	Le chakra du troisième œil	Ajna	Pituitaire
7th Chakra	Le chakra de la couronne	Sahasrara	Pinéale

Les chakras sont très puissants, et ils ne nous affectent pas seulement physiquement mais aussi à plusieurs autres niveaux. En gros, l'impact des chakras peut être ressenti à quatre niveaux différents :

1. Physiquement
2. Mentalement
3. Emotionnellement
4. Spirituellement

Chaque chakra a ses propriétés caractéristiques. Si ce chakra fonctionne normalement, certaines fonctionnalités fonctionneront parfaitement. Tout type de déséquilibre impliquant une baisse d'énergie dans ce chakra ou une hyperactivité de ce chakra peut changer complètement la façon dont ce chakra fonctionne.

Dans ce chapitre, nous allons essayer de comprendre en détail les niveaux auxquels chaque chakra affecte notre vie et l'impact qu'un déséquilibre énergétique dans un chakra peut avoir sur notre vie.

Avant de commencer, il est important de comprendre que la liste des caractéristiques mentionnées ici n'est pas exhaustive. En effet, aucun livre ne peut être aussi exhaustif pour couvrir toute l'étendue des chakras. Ici, nous allons essayer de développer une compréhension du pouvoir que les chakras exercent sur nos vies, bien qu'ils restent complètement cachés hors de l'image.

Sur les 7 chakras, les trois chakras inférieurs sont directement concernés par le corps. Leur principal objectif est d'essayer de vous maintenir fortement attaché à ce monde. Les sentiments d'affirmation de soi, de gratification personnelle et de définition de soi sont très importants au niveau de ces chakras. D'une certaine manière, ils travaillent à l'auto-préservation.

Les trois chakras supérieurs travaillent dans une direction complètement différente. Leur but est de fournir des connaissances et de vous conduire vers la libération. Leur objectif principal est l'autoréflexion et la connaissance de soi. Comme les deux pôles d'un aimant, le chakra supérieur et le chakra inférieur travaillent sur des objectifs différents. L'un essaie de vous faire travailler à l'auto-préservation tandis que l'autre cherche à vous libérer de ce monde.

Le quatrième chakra est le pont. Il se trouve au centre, et il a donc la tendance des deux types. Il a une affinité avec l'amour, mais aussi une attirance pour la créativité, qui mène finalement à la libération.

Vous ne devriez jamais classer un chakra comme bon ou mauvais, puissant ou faible. Chaque chakra a sa place dans le système des 7 chakras. L'impact qui peut sembler faible ici sera très différent de l'expérience personnelle.

Le chakra racine - Mooladhara

Ce chakra est représenté par une couleur rouge vif. Ce chakra est dense. Il est de nature basique. Le sentiment premier à ce niveau est l'auto-préservation. Ce chakra possède l'élément de gravitation. Il vous garde attaché à vos racines et vous aide à rester ancré dans la réalité. L'ordre, la structure et le besoin de logique sont les choses fondamentales que ce chakra s'efforce de réaliser. Ce chakra vous maintient concentré sur les cinq sens.

La signification sanskrite du mot "Moola" est racine ou base. C'est le chakra de base. Il devient actif avant même que vous veniez au monde. Depuis votre conception jusqu'à l'âge de 12 mois environ, ce chakra est le chakra dominant du corps. Les principaux objectifs de ce chakra sont d'atteindre la stabilité, la santé physique et la stabilité. La confiance est un facteur très important pour ce chakra, car elle est également liée à la sûreté et à la sécurité. Ce chakra aspire à la prospérité.

Chakra racine équilibré : Ce chakra est lié à la physicalité, et donc un chakra racine équilibré vous fournira une énergie physique illimitée. Une personne dont le chakra racine fonctionne parfaitement n'aura aucun problème à effectuer un travail physiquement intense. Les sports et les travaux manuels lui procureront un grand plaisir. Une telle personne sera également très centrée et ancrée dans la réalité. Il s'agit là de qualités très importantes et de conditions essentielles à la paix et au bonheur. Ce chakra n'aspire pas à grand-chose ; il essaie de se contenter de tout ce qui est disponible. Il peut vous donner un contrôle total sur vos désirs, vos aspirations et vos envies. Même une petite quantité peut signifier beaucoup pour une personne dont le chakra racine est équilibré, ce qui signifie qu'elle connaît l'art rare de vivre une vie heureuse et satisfaite. Une telle personne se sentirait hautement sécurisée et resterait connectée à des racines telles que la famille.

Chakra racine faible : Si une personne a un chakra racine faible, elle peut être physiquement faible. Ces personnes ont du mal à garder les pieds sur terre et restent donc craintives. Elles manquent de confiance en elles en raison d'une faible énergie physique et se trouvent souvent incapables d'atteindre leurs objectifs. C'est le chakra qui assure la survie, mais lorsque l'énergie à ce niveau est faible, les chances qu'une personne devienne autodestructrice sont très élevées. Les relations avec les racines et les liens familiaux sont également faibles pour ces personnes, et elles peuvent donc facilement commencer à se sentir mal aimées ou abandonnées.

Chakra racine hyperactif : L'excès d'énergie dans le chakra racine pose tout autant de problèmes. Le contentement est une qualité importante de ce chakra, mais lorsqu'il y a un excès d'énergie, il a tendance à rendre les gens avides. Votre dépendance à la richesse peut ne pas avoir de limites. Vous pouvez également vouloir amasser un pouvoir illimité et devenir dominateur et égoïste. L'énergie sexuelle qui échappe à tout contrôle est également un problème pour ces personnes.

Problèmes de santé liés au chakra racine :
L'emplacement physique de ce chakra est le périnée, et il peut entraîner des douleurs chroniques dans le bas du dos, la

constipation, une infection des voies urinaires, des problèmes d'immunité, des calculs rénaux, des peurs irrationnelles, la dépression et des problèmes financiers.

Au cœur de ce chakra, l'objectif principal est la survie. Lorsque vous êtes dans le ventre de votre mère, ce chakra devient actif et reste le seul chakra le plus actif de votre corps. L'objectif principal de ce chakra est d'assurer votre survie. C'est ce chakra qui fait naître le sentiment de peur dans votre cœur. Au début, lorsqu'un enfant ne sait et ne comprend rien, il est toujours attentif aux dangers. Si vous n'avez pas prêté attention à cet aspect, observez un bambin qui essaie de se tenir debout, de marcher ou de faire n'importe quel autre acte. Ce chakra a un impact très fort sur votre physique et vos attributs de caractère de base.

Le chakra sacré

Ce deuxième chakra est représenté par une couleur orange vif. C'est l'un des chakras les plus intéressants. Ce chakra s'ouvre vers l'âge de 6 mois et devient pleinement fonctionnel vers l'âge de 2 ans. C'est l'un des chakras les plus intéressants. Ce chakra vous aide à développer un lien plus profond avec ce monde à travers vos cinq sens. C'est le chakra de la joie et du bonheur.

Ce chakra vous ouvre aux merveilles que ce monde a à offrir. Il vous rend plus réceptif. La signification sanskrite du mot "Sva" signifie "sien". Ce chakra vous fait ressentir ce monde comme le vôtre. Le mot "Svad" signifie "goûter". Il vous aide à goûter ce monde et toutes les bontés qu'il recèle par le biais des cinq sens. Jusqu'à ce que ce chakra soit en plein essor dans votre corps, il faudrait qu'une force extérieure s'applique pour vous rendre triste. Vous resterez naturellement heureux et bienheureux, tout comme les enfants. Ils restent simplement béatement inconscients de toute la douleur et la souffrance qui les entourent, complètement immergés dans les jeux qu'ils ont inventés. Ils n'ont besoin de rien de spécifique pour rester pleinement engagés. Ils trouveraient simplement n'importe quoi autour d'eux qui soit complètement immersif. C'est le chakra de l'expérience de ce monde. Les glandes influencées par ce chakra sont les glandes reproductives. C'est pourquoi ce chakra est également responsable de l'éveil des sentiments sexuels le moment venu.

Chakra sacré équilibré : Si l'énergie de ce chakra est équilibrée et qu'il est actif, il transmet un sentiment d'appartenance. Ce chakra vous rend très amical et très optimiste. Ce chakra vous aide à recevoir de la joie de toutes les choses du monde, et votre imagination trouvera un terrain fertile. Il donne également une grande impulsion à votre talent créatif. Il vous rend également très intuitif. Vous vous souciez des autres personnes qui vous entourent et vous avez un bon sens de l'humour. Vous resterez sensible aux sentiments des autres, ce qui fait de vous une personne très sympathique.

Faiblesse du chakra sacré : Si votre chakra sacré est bloqué ou s'il a une faible énergie, vous pouvez apparaître comme une personne extrêmement timide et craintive. Vous n'auriez aucun sentiment d'appartenance, vous pourriez aussi être rempli de peur et vous hésiteriez à explorer quoi que ce soit de nouveau. Ces personnes deviennent généralement excessivement sensibles et rancunières. Les personnes dont le chakra sacré est faible se renient généralement et ont beaucoup d'émotions enfouies. Elles ont beaucoup de mal à faire confiance aux autres et peuvent avoir un tempérament très susceptible. En plus de cela, elles ont des sentiments sexuels refoulés. C'est la raison pour laquelle ces personnes peuvent commencer à se sentir coupables en matière de sexe. Une faible énergie dans ce chakra peut également les rendre frigides ou infertiles. Elles peuvent également rencontrer des difficultés à concevoir.

Chakra sacré hyperactif : L'hyperactivité du chakra sacré peut être un problème tout aussi important. Ce chakra permet de profiter des plaisirs de ce monde et de vivre pour les plaisirs du moi. Cependant, si les énergies de ce chakra sont chargées plus que nécessaire, ce chakra peut vous rendre émotionnellement explosif, agressif et excessivement ambitieux. Les gens ont tendance à devenir très manipulateurs pour satisfaire leur désir de se faire plaisir.

Ce chakra donne des ailes à votre imagination, mais cela n'est bon que dans une certaine mesure. Si les énergies de ce chakra deviennent incontrôlables, elles peuvent aussi vous rendre trop imaginatif. Il se peut que vous n'ayez aucun contrôle sur votre pensée et que vous commenciez à vivre dans votre propre monde d'illusions. Il peut aussi facilement vous rendre trop indulgent et égoïste, car l'objectif principal de ce chakra est de vous permettre de profiter des plaisirs de ce monde.

Les problèmes les plus importants commencent à se poser lorsque l'excès d'énergie dans ce chakra commence à affecter vos désirs sexuels. Vous pouvez commencer à avoir des pensées obsessionnelles sur le sexe, et à un moment donné, seul le sexe peut devenir votre principale préoccupation. Ces personnes commencent à considérer tout le monde comme un simple objet de satisfaction sexuelle.

Problèmes de santé liés au chakra sacré : Les problèmes de puissance sexuelle et les infections urinaires sont les principaux problèmes de santé qui peuvent survenir chez une personne souffrant d'un déséquilibre de ce chakra. Cependant, en raison de son emplacement physique dans la région du bas du dos, il peut également provoquer des douleurs lombaires chroniques et des problèmes gynécologiques.

L'objectif de ce chakra est de vous connecter à ce monde. Il vous aide à vous immerger complètement et à commencer à apprécier ce monde et à développer un sentiment d'appartenance. C'est le chakra du plaisir et de la joie. Cependant, très vite, les plaisirs peuvent se transformer en obsessions si les énergies deviennent incontrôlables. Dans le cas où les énergies sont faibles, vous deviendrez complètement incapable de profiter de ce monde. La plupart des personnes qui, à un moment donné, perdent tout intérêt pour leurs passions et les choses qu'elles aimaient dans le passé souffrent de ce problème. Les personnes qui commencent à développer des tendances obsessionnelles et changent complètement de comportement peuvent souffrir d'énergies suractives dans ce chakra. Ce chakra est important car il vous maintient connecté et intéressé. Il rend les choses agréables, mais un déséquilibre dans ce chakra peut être destructeur pour la personnalité.

Le chakra du plexus solaire

C'est le troisième chakra et l'un des plus importants, qui a un impact très fort sur votre personnalité et votre apparence dans le monde extérieur. Comme nous l'avons déjà dit, l'intensité de l'expérience augmente au fur et à mesure que l'on monte dans les chakras. Sur les trois chakras qui affectent votre physique, ce chakra est au sommet et donc le plus intense. Il est représenté par la couleur jaune vif des rayons du soleil. Comme les rayons du soleil, il peut illuminer votre vie.

En sanskrit, ce chakra est appelé Manipura. Le mot "Mani" signifie "bijoux". Le mot "Manipura" signifie "la ville des joyaux". Ce chakra fonctionne en fait comme la ville des joyaux dans la vie d'une personne. Il vous donne le pouvoir de réaliser tout ce que vous voulez dans votre vie. C'est le chakra de l'action. Ce chakra vous donne un appétit insatiable. Si ce chakra fonctionne de manière synchronisée, vous pouvez réaliser tout ce que vous désirez.

Ce chakra commence à s'ouvrir à l'âge de deux ans et peut devenir pleinement fonctionnel à l'âge de 4 ans. Cependant, il commence à s'épanouir pleinement à l'adolescence. C'est à cette époque que vous vous concentrez vraiment sur vos études et votre carrière. C'est le chakra des capacités et des passions. Il vous remplit de spontanéité. Vous ne mettez pas trop de temps à réfléchir à vos pensées et commencez à croire en vos actions. La vitalité est un autre trait de caractère de ce chakra. Ce chakra vous remplit de la force de la volonté, du but et de la détermination. L'estime de soi est une autre chose qui commence à devenir très importante pour vous une fois que ce chakra commence à devenir actif. C'est le chakra de la définition de soi. L'identité du moi commence à devenir très importante pour vous et devient une partie de votre personnalité.

Chakra du plexus solaire équilibré : Des énergies équilibrées dans le chakra du plexus solaire font de vous une personne qui a du recul sur elle-même. Cela ne vous rend pas hautain ou arrogant. Le sens du respect de soi vous fait également respecter les autres. Cependant, vous aurez un fort sentiment de pouvoir personnel. Vous n'avez pas peur de la vie en général, et ce sentiment d'intrépidité vous rend extraverti et joyeux.

Ce qui caractérise le plus ce chakra, c'est qu'il vous fait agir. Il vous propulse sans cesse vers vos objectifs. Vous êtes capable de trouver votre don et de trouver la motivation pour continuer à l'améliorer. Il vous rend habile et intelligent. Vous avez l'appétit de digérer la vie. Vous ne vous sentez pas ennuyeux ou démotivé dans votre quête. Il maintient le feu brûlant fortement dans votre ventre.

Le chakra du plexus solaire vous maintient constamment en mouvement, mais il vous permet également de vous sentir complètement détendu. Vous vous sentez toujours à l'aise dans tout ce que vous faites. Les nouveaux défis ne sont jamais un fardeau lorsque le chakra du plexus solaire est équilibré. Vous apprécierez tout type d'activité physique, et cela vous donnera plus d'énergie.

Faiblesse du chakra du plexus solaire : Un chakra du plexus solaire déficient en énergie est une mauvaise nouvelle. C'est votre confiance en vous qui est la plus touchée. Vous perdez votre concentration sur l'action et commencez à vous inquiéter davantage de ce que les autres pensent de vous. C'est un indicateur clair que votre chakra du plexus solaire est en train de devenir déficient en énergie. Une confusion inexpliquée et une perte de contrôle sur la vie est un autre indicateur des problèmes du chakra du plexus solaire. Les personnes affectées par une faible énergie dans ce chakra commencent également à se sentir déprimées car les choses ne semblent pas aller dans leur sens. Elles ont besoin d'être constamment rassurées par les autres car elles manquent clairement de confiance et d'autodétermination. Elles peuvent aussi commencer à manifester des tendances à la jalousie et à la méfiance envers les autres. La perte d'appétit et une mauvaise digestion sont des signes physiques d'un problème dans ce chakra.

Chakra du plexus solaire hyperactif : Si ce chakra devient hyperactif, il peut vous donner un faux sentiment de complexe de supériorité. Vous pouvez devenir très critique et commencer à maltraiter les autres. Certaines personnes commencent également à se comporter comme des perfectionnistes qui rabaissent les autres. Leur seul objectif est de se présenter comme le meilleur. Une énergie excessive dans ce chakra vous fera constamment chercher des occasions de prouver votre excellence. Cela peut faire de vous un bourreau de travail, et vous pouvez également perdre le respect des limites personnelles. Cela peut également conduire à un mauvais équilibre entre vie professionnelle et vie privée. Vous pouvez devenir très exigeant et essayer de vous positionner comme un intellectuel excessif. Ces personnes commencent à manquer de respect à toute forme d'autorité et à en éprouver du ressentiment. Elles essaient simplement de se placer au-dessus de tout, même du système. Elles ont tendance à développer un penchant pour les addictions pour se détendre et peuvent ne pas trouver la paix en elles-mêmes.

Problèmes de santé liés au chakra du plexus solaire : Ce chakra influence le pancréas, et donc tous les systèmes qui lui sont liés peuvent être affectés. Le diabète, la pancréatite, le dysfonctionnement du foie, l'hépatite, le dysfonctionnement des glandes surrénales, la perte d'appétit, l'anorexie, la boulimie et les ulcères gastriques sont des problèmes courants rencontrés par les personnes ayant des problèmes dans ce chakra.

C'est un chakra très important car il vous aide à établir votre autorité dans ce monde. C'est un monde de faiseurs. On ne se souvient que des personnes qui ont réussi à accomplir quelque chose de remarquable, et ce chakra s'efforce constamment de vous amener vers cet objectif. Cependant, il s'agit d'un chakra à haute énergie, et il est donc très important de le maintenir en équilibre. Une énergie faible ou excessive dans ce chakra peut influencer toute votre personnalité. L'intensité de ce chakra est telle que l'influence est clairement visible. Non seulement votre personnalité intérieure mais aussi votre comportement extérieur sont affectés par ce chakra. Il est donc important que vous soyez attentif aux signes de déséquilibre de ce chakra. Il existe de nombreuses façons de maintenir l'équilibre de ce chakra. Il faut toujours se rappeler que ce chakra est puissant, mais ce n'est qu'un moyen et non votre but ultime. Si vous restez concentré uniquement sur ce chakra, il peut facilement devenir hyperactif.

Le chakra du cœur

C'est le quatrième chakra du système et il est unique. La qualité la plus singulière de ce chakra est qu'il contient le meilleur des deux mondes. Ce chakra se trouve au centre des pouvoirs qui veulent vous garder attaché à ce monde matériel et de ceux qui sont à la recherche constante de la connaissance et de la libération. Ce chakra vous offre les deux. Il vous aide non seulement à rester connecté au monde physique mais vous entraîne également à vous connecter au divin. Un mélange de cœur et d'esprit est ce que vous obtenez à ce chakra.

Ce chakra est appelé "Anahata" en sanskrit. Il signifie un son non frappé. Les pouvoirs de ce chakra n'ont ni début ni fin. Ils sont des réverbérations du divin. Ce chakra apporte l'étincelle de créativité en vous. Si ce chakra est actif et fonctionne dans votre corps, vous aurez une étincelle de créativité en vous. Indépendamment de la profession que vous exercez, des loisirs que vous avez ou du talent que vous possédez, vous aurez un sens aigu de l'appréciation d'une forme d'art. Cette étincelle créative est un juste milieu. Elle fait appel à vos sens mais titille également vos capacités intellectuelles.

Le chakra du cœur vous permet de vivre la vie très intensément. Vous aurez la capacité d'absorber les choses différemment. Vous ne connaîtrez aucune limite. Ce chakra est représenté par une couleur verte. C'est la couleur de la nouvelle vie, des débuts et de la compassion. L'amour et les émotions auront un rôle très important dans votre vie. Vous ressentirez une forte connexion avec le divin, et la gratitude aura une place spéciale dans votre vie. Vous ne serez pas une personne qui ignore tout simplement les gens. Donner et recevoir auraient une importance égale dans votre vie.

Chakra du cœur équilibré : Pour être juste, ce chakra concerne l'équilibre délicat de la vie. Il vous maintient en équilibre physique, émotionnel et spirituel. L'équilibre du chakra du cœur est très important pour vivre une vie épanouie dans ce monde. Sans un équilibre dans ce chakra, vous continuerez toujours à désirer une chose ou l'autre, et le contentement vous échappera toujours.

La compassion, l'empathie et la gratitude sont des qualités essentielles de ce chakra. Ce chakra est doté d'une qualité nourricière unique. Une personne dont le chakra du cœur est pleinement actif et épanoui aura la capacité de guérir les blessures cachées des personnes qui l'entourent. Cette personne sera tout simplement un grand aimant, et les gens se sentiront complètement attirés vers elle. Tout cela se produit grâce à la simple capacité de compréhension et d'empathie.

Il n'y a aucune raison de penser que ces personnes ne sont pas amicales. Elles ont également un fort désir de travailler pour la communauté et participeraient activement à des causes sociales. Leur côté humanitaire est visible de loin. Elles ont l'œil pour voir le bien chez les autres.

Ce chakra donne également aux gens un grand pouvoir de discernement. Ces personnes sont capables de disséquer facilement les faits et de choisir ce qui est nécessaire. C'est un chakra intense, et donc il apporte aussi une forte volonté et le désir d'aider les autres.

L'amour et les relations occuperont une place très spéciale pour les personnes dont le chakra du cœur est équilibré. Elles seront constamment amoureuses. Il n'est pas important pour eux d'aimer un individu, leur amour peut être pour une cause, l'humanité entière, et même la spiritualité et dieu, mais il serait sûrement là. Sans amour, ce chakra ne peut pas fonctionner. L'amour est le carburant de ce chakra.

Faiblesse du chakra du cœur : La première chose qui frappe lorsque ce chakra est déficient en énergie est l'indignité en amour. Les personnes commencent à se sentir perdues et complètement déplacées. Ils peuvent commencer à avoir besoin d'être constamment rassurés, car une partie intégrante de leur personnalité disparaît. La peur peut prendre le dessus sur tous les aspects majeurs de la personnalité. La peur d'être blessé est une des principales craintes car ils sont incapables de nouer des relations solides. Elles ont également beaucoup de mal à sortir de l'ombre de leurs relations passées, car elles ont peur de lâcher prise. Elles éprouvent également une étrange peur d'être libres. Elles ont peur d'être abandonnées. Toutes ces peurs les rendent paranoïaques.

Ils restent largement indécis et peu pratiques. Elles cherchent sans cesse des épaules pour broyer du noir. La simple incapacité à former des relations stables et à les maintenir ensemble les rend malheureuses.

Chakra du cœur hyperactif : Si les énergies du chakra du cœur deviennent hyperactives, une personne peut devenir très lunatique et mélodramatique. Ces personnes aiment les autres de manière conditionnelle et ont un étrange complexe du martyr. Elles peuvent aussi devenir très exigeantes et possessives. La confiance reste un gros problème ici aussi, et elles ont donc du mal à faire confiance aux autres. Elles prennent l'habitude de refuser l'amour et la générosité. Leur personnalité devient maniaco-dépressive et ces personnes deviennent difficiles à supporter. Cependant, intérieurement, ces personnes sont plus difficiles avec elles-mêmes qu'avec les autres. Elles sont trop critiques à propos de tout, car leur pouvoir de discernement est faible, et elles ne voient pas le bien chez les autres. L'hypertension artérielle et les maladies cardiovasculaires sont des risques importants pour ces personnes.

Problèmes de santé liés au chakra du cœur : Il est clair que l'hypertension artérielle et les problèmes cardiaques restent des problèmes à haut risque. Ces personnes peuvent également être sujettes à des allergies et à un système immunitaire faible. Les problèmes respiratoires, les douleurs dans le haut du dos et les épaules sont également fréquents chez ces personnes.

C'est un chakra dont l'équilibre est très délicat. Ce chakra s'efforce en permanence de maintenir l'équilibre. Il se situe entre deux pôles opposés et sert d'axe. Cependant, c'est un chakra avec un fort côté spirituel. Si ce chakra s'épanouit chez une personne, les chances d'atteindre la conscience spirituelle sans avoir à ouvrir le chakra supérieur sont également très élevées. Ce chakra peut aider au développement global de votre personnalité extérieure et intérieure en tant qu'être humain. Le chakra du plexus solaire vous aide à devenir un individu fort et déterminé, mais ce chakra vous aide à devenir un être humain plus fort. La distinction est très importante. Vous pouvez trouver d'innombrables exemples d'individus forts qui ont été capables d'accomplir beaucoup de choses au cours de leur vie, mais le nombre de personnes parmi eux qui ont été capables de mûrir en tant qu'êtres humains matures est très limité. Ce chakra ne devient pas fort en possédant des richesses matérielles mais avec l'aide de la conscience spirituelle.

A partir de là, les trois chakras supérieurs ont une classe différente de la leur. Jusqu'ici, les chakras affectaient principalement votre personnalité en tant qu'individu, et ils étaient plus centrés sur eux-mêmes. L'auto-préservation et le développement étaient à la base de ces chakras. Cependant, les trois chakras supérieurs ont des objectifs complètement différents. Bien que ces chakras vous donnent également du pouvoir et vous aident à mûrir, ils vous affinent pour que vous deveniez un être humain plus fort.

Ces chakras vous rendent de plus en plus influent, et les pouvoirs qui viennent avec ces chakras vous aident à évoluer en tant que personne. Ces chakras essaient constamment d'élever votre niveau de conscience. Les pouvoirs qui accompagnent ces chakras sont illimités. Le développement de ces chakras peut faire de vous une personne différente. Il arrive très rarement que ces chakras deviennent puissants chez une personne, mais que celle-ci reste toujours centrée sur elle-même. Ils augmentent votre pouvoir d'expression, votre intellectualité et votre conscience. Ces trois éléments peuvent sembler simples et vagues ici, mais vous verrez que lorsqu'ils sont utilisés correctement, ils peuvent permettre à une personne de devenir un véritable maître de tout ce qu'elle souhaite.

Le chakra de la gorge

Ce cinquième chakra du système se situe à l'échelon inférieur des chakras supérieurs. Cependant, c'est l'un des chakras les plus puissants lorsqu'il s'agit d'acquérir des pouvoirs et des capacités physiques, intellectuelles et d'influence. C'est le centre de l'acquisition de capacités, et les personnes désireuses d'acquérir des pouvoirs occultes veulent spécifiquement réussir sur ce chakra.

En sanskrit, le mot " Vishuddhi " est composé de deux mots : " Visha ", qui signifie poison, et " Shuddhi ", qui signifie purifier. À ce niveau, toutes les impuretés apportées par les chakras inférieurs sont purifiées ou filtrées avant que vous ne passiez aux chakras des pouvoirs supérieurs. L'emplacement physique de ce chakra se trouve dans la gorge, comme son nom l'indique clairement. Ce chakra est une représentation directe de la divinité hindoue "Shiva" ou "Rudra". En fait, l'ensemble du système des chakras aurait été conçu par Shiva dans sa forme mortelle. Selon les récits des Vedas, Shiva a un jour bu tout le poison du monde pour débarrasser ce monde de ses impuretés afin que la vie puisse survivre. Il n'a pas permis au poison de descendre dans sa gorge, et en conséquence, sa gorge est devenue bleue. Il est intéressant de noter que ce chakra est également représenté par une couleur bleue. C'est aussi la couleur que prend le corps lorsqu'il est empoisonné.

L'hindouisme le représente sous la forme d'une couleur bleu foncé que la gorge du Seigneur Shiva a acquise après avoir bu le poison. Le Seigneur Shiva est également représenté par la guirlande d'un serpent venimeux autour du cou, dénotant l'effet du poison dans cette région.

(Image de la divinité hindoue Shiva portant un serpent en guirlande autour de son cou. La couleur bleue au niveau du cou représente également l'effet de la consommation et du stockage de poison à cet endroit.)

Selon les Vedas, la gorge est le point d'"Udan Prana" ou le point à partir duquel commence votre voyage vers la conscience supérieure. C'est le point à partir duquel vous passez du sommeil éveillé au sommeil profond.

Au niveau du chakra de la gorge, votre conscience commence à s'étendre très rapidement. C'est le chakra où vous apprenez l'art de gérer une quantité excessive d'informations et aussi la maîtrise de leur expression.

Il est considéré comme l'un des chakras les plus puissants, car il peut augmenter incroyablement votre sphère d'influence. Si l'énergie s'épanouit dans votre chakra de la gorge, vous aurez de l'influence sur tous ceux avec qui vous voulez communiquer. L'histoire enregistrée de l'humanité entière est la preuve que ce ne sont pas les hommes avec des épées ou des armes mais les hommes de mots qui ont gouverné ce monde jusqu'à présent. Avec la force, vous pouvez contrôler certaines personnes pendant un certain temps, mais avec des mots et des idées, vous pouvez faire en sorte que le monde entier vous obéisse.

Un chakra de la gorge puissant rend également l'apprentissage de nouvelles choses très facile. Vous pouvez facilement acquérir la maîtrise de choses dont vous n'avez aucune expérience préalable. Cela signifie que si vous voulez avoir accès à vos deux chakras supérieurs, il est très important d'avoir un chakra de la gorge puissant.

Chakra de la gorge équilibré : Le plus grand pouvoir qui découle d'un chakra de la gorge équilibré est le pouvoir de communiquer efficacement. Vous n'avez pas nécessairement besoin de mots pour communiquer votre message. Il existe plusieurs façons de communiquer un message. Ce chakra ouvre simplement le portail de la communication pour vous.

Ce chakra vous fait sortir des différents fuseaux horaires et vous établit dans le présent. C'est un chakra de réalité, de pureté et de clarté. Il vous maintient centré dans le présent. Votre sens du timing et votre conscience du présent s'améliorent considérablement. Il fait de vous un communicateur hors pair. Vous trouverez qu'il est facile de communiquer votre message aux autres sans effort. Vos pensées et vos idées ne resteront pas vagues ou cachées.

Les personnes dont le chakra de la gorge est développé sont de grands communicateurs et inspirés par l'art. Elles sont expressives et prolifiques dans tout ce qu'elles font dans leur vie personnelle et publique. C'est le chakra des leaders mondiaux.

Cependant, les pouvoirs de ce chakra signifient également que vous serez moins préoccupé par votre propre personne et plus par les autres. Le contentement est une chose qui vient naturellement avec ce chakra. Lorsque ce chakra s'épanouit chez quelqu'un, les gains personnels commencent à ressembler à des objectifs insignifiants. Une compréhension claire des concepts spirituels se développe chez les personnes ayant un chakra de la gorge puissant. De telles personnes sont facilement capables de faire l'expérience de pouvoirs divins. Elles deviennent capables de manipuler des énergies supérieures. Elles seront également capables de manipuler et d'utiliser leur énergie sexuelle d'une meilleure manière. Il est très important d'équilibrer ce chakra avant de commencer à travailler sur le chakra du troisième œil, sinon les pouvoirs peuvent facilement devenir incontrôlables.

Chakra de la gorge faible : Une faible énergie dans ce chakra serait clairement visible sous la forme de faibles capacités de communication. La personne apparaît comme une personne timide et trop silencieuse qui n'a pas la capacité de bien s'exprimer. Ces personnes peuvent également être très incohérentes et peu fiables. Elles peuvent avoir un très mauvais sens du timing et préférer vivre dans le passé ou dans les rêves. Elles peuvent se trouver constamment au carrefour du sexe et de la religion. Elles ne seraient pas capables de canaliser correctement leur énergie sexuelle. La nervosité et une nature sournoise sont également des indicateurs clairs de ces personnes.

Chakra de la gorge hyperactif : L'énergie à ce niveau devient naturellement très intense, et donc si elle devient hyperactive, la personne peut apparaître comme très dominatrice sexuellement et autrement. Il peut être difficile de trouver le bon exutoire pour cette énergie. Ces personnes deviennent facilement moralisatrices, et il devient très difficile de les convaincre de quoi que ce soit. Elles peuvent devenir très dogmatiques, et il n'y a peut-être pas beaucoup de moyens de les faire passer au pragmatisme jusqu'à ce que l'équilibre énergétique soit rétabli. Elles peuvent devenir excessivement bavardes car la communication est un don naturel. Cependant, ces personnes deviennent sujettes à des tendances addictives car peu de choses peuvent satisfaire leurs appétits physiques et intellectuels.

Problèmes de santé liés au chakra de la gorge : Comme ce chakra est directement relié à la gorge et influence la glande thyroïde, il peut entraîner des problèmes de thyroïde et de gorge. Les aphtes, les problèmes de gencives, les laryngites et les maux de gorge chroniques sont également des problèmes courants.

Le chakra de la gorge est un point de contrôle important pour toutes les personnes qui veulent travailler sur leurs chakras supérieurs. Il est fortement conseillé à ces personnes de travailler sincèrement sur leur chakra de la gorge. Ce chakra peut non seulement améliorer votre compréhension des énergies auxquelles vous allez avoir affaire, mais aussi vous préparer à les supporter.

C'est un centre de pouvoir d'apprentissage et de développement des capacités. Avec un chakra de la gorge puissant, apprendre de nouvelles choses peut devenir incroyablement facile pour toute personne. La connaissance vient rapidement et sans effort. Le don de la communication claire est un autre avantage de ce chakra. Si vous aimez parler en public ou si vous exercez une profession qui vous oblige à interagir avec les autres, vous devez absolument travailler sur ce chakra.

Le chakra du troisième œil

Il s'agit du sixième chakra et incontestablement du chakra le plus recherché du système des 7 chakras. Il y a plusieurs raisons à la grande popularité de ce chakra. L'humanité a toujours été fascinée par le mysticisme. Il craint mais se sent attiré par ce qu'il ne peut pas contrôler ou commander. Les pouvoirs du chakra du troisième œil sont également de cette nature. Nous allons également discuter de ce chakra plus en détail afin de dissiper certaines confusions et d'expliquer les raisons de la popularité de ce chakra.

Tout d'abord, les gens se sentent attirés par ce chakra car il peut aider à augmenter les pouvoirs psychiques de la personne qui a un chakra du troisième œil actif. Ici, les gens ont de grandes idées fausses sur l'activation du chakra du troisième œil. L'activation du chakra du troisième œil n'est pas une tâche très difficile. Si votre chakra du troisième œil est bloqué, vous pouvez le rouvrir ou le réactiver grâce à une alimentation correcte, la méditation, l'aide d'une personne dont le chakra du troisième œil est actif, etc.

Cela ne prend pas beaucoup de temps et n'est pas très difficile à faire. Les gens courent simplement après les moyens d'activer ce chakra. L'important est de le manipuler une fois qu'il est activé. Le chakra du troisième œil n'est pas la porte de votre coffre-fort ou de votre réfrigérateur qui peut être ouverte et fermée à volonté. Une fois qu'il s'ouvre, il restera ouvert pendant un certain temps et il faudra autant d'efforts, sinon plus, pour le fermer. Cependant, une fois qu'il s'ouvre, il n'y a aucun moyen pour vous d'échapper aux pouvoirs qui viennent avec ce chakra, et croyez-moi, pour 99% des personnes qui ouvrent leur chakra du troisième œil, ce pouvoir devient le véritable problème.

Acquérir un pouvoir psychique ne signifie tout simplement pas une capacité à regarder dans le passé et le futur à volonté. Cela signifie aussi un voyage incontrôlable dans les zones où vous ne voulez pas aller. Au départ, vous n'aurez vraiment aucun contrôle sur les choses que vous pourrez voir. Les pouvoirs psychiques sont une aubaine, mais uniquement pour les personnes qui les pratiquent depuis des décennies et qui les ont acquis lentement.

Vous avez peut-être un grand penchant pour le chocolat, mais aimeriez-vous être jeté dans un puits de chocolat chaud dont il est impossible de sortir ?

Un autre problème est l'interaction avec les énergies. Lorsque votre troisième œil s'ouvre, votre sens de la perception se multiplie des centaines de fois. Cela signifie que vous serez en mesure de ressentir les énergies qui vous entourent. Cependant, ce n'est qu'une partie du marché. Cela signifie également que les énergies qui vous entourent seront également capables de vous ressentir avec la même intensité. Il peut y avoir des énergies bloquées dans ce monde pendant de très longues périodes, sans personne avec qui interagir et qui cherche une forme d'expression. Vous deviendriez un médium pour elles. Vous ne pouvez pas contrôler le type d'énergies qui interagissent avec vous, et toutes peuvent ne pas être positives. En fait, la plupart d'entre elles peuvent ne pas être positives. Gérer cela 24 heures sur 24 et 7 jours sur 7 peut être une tâche très difficile, et je peux dire avec une grande confiance que vous ne seriez pas préparé à y faire face. Certaines personnes peuvent apprendre à y faire face d'une manière ou d'une autre, mais pour la plupart des gens, c'est comme vivre dans un cauchemar perpétuel sans possibilité d'en sortir. C'est la raison pour laquelle un très grand nombre de ces personnes développent des troubles psychologiques, mais on ne parle pas de ces choses-là.

Ce pouvoir a un prix élevé. Votre esprit ne reste pas le vôtre, du moins pas pendant une période raisonnablement longue. Vous devrez peut-être faire face à beaucoup de choses. Chaque pouvoir qui vient avec l'activation du troisième œil a un coût similaire.

Je pense qu'il est encore une fois très important de répéter qu'à mesure que l'on monte dans l'échelle des chakras, l'intensité de l'expérience augmente considérablement. Il se peut que vous ne soyez pas prêt à y faire face, et par conséquent, avancer sans préparation peut s'apparenter à un désir de mort.

Enfin et surtout, le chakra du troisième œil apporte avec lui un sentiment de détachement complet ou total de ce monde. Une personne dont le troisième œil est ouvert et actif n'a aucun intérêt pour les attractions de ce monde. Ce chakra ouvre les portes de la libération intellectuelle et spirituelle et de la conscience supérieure. Cela signifie que dès que ce chakra devient pleinement fonctionnel, tous vos désirs d'obtenir des avantages matériels ou monétaires disparaissent. Votre objectif premier sera de trouver des réponses aux questions les plus complexes et les plus importantes concernant ce monde et la vie.

Ça veut dire que tu ne dois pas chercher à atteindre le chakra du troisième oeil ?

Ce n'est pas du tout ce que je voulais dire. Le chakra du troisième œil est le deuxième chakra le plus puissant du système des 7 chakras. En fait, selon les Védas, c'est le dernier chakra que vous pouvez activer par votre volonté et votre pratique. C'est un chakra qui ouvre les portes de la conscience supérieure. Il peut vous aider à vous connecter à votre corps, et vous obtiendrez des réponses aux questions que vous vous posez depuis toujours. Vous devriez certainement travailler à l'ouverture de ce chakra ; je veux seulement dire que l'ouverture de ce chakra sans préparation ou sans équilibrer les autres chakras ne devrait pas être faite. Deuxièmement, lorsque vous essayez d'ouvrir ce chakra, l'acquisition de pouvoirs psychiques ne doit pas être votre objectif final. Vous devez rester assuré qu'ils viendront automatiquement comme un sous-produit, que vous le souhaitiez ou non. Votre objectif doit rester de devenir un porteur capable de ces pouvoirs au fur et à mesure qu'ils arrivent.

Le chakra du troisième œil se situe dans les profondeurs, sur lesquelles les gens ne savent pas grand-chose et n'ont même pas les ressources pour le découvrir. Même si une personne dont le troisième œil est ouvert vous fait part d'une expérience personnelle, cela ne signifie pas grand-chose pour vous, car votre expérience pourrait être totalement différente. Vous pourriez avoir affaire à un type d'énergie complètement différent. Tout cela peut vous laisser en état de choc complet et même au-delà du point de récupération.

Donc, la question pertinente est :

Quelle est la meilleure façon de commencer l'activation du troisième œil ?

- Il faut toujours commencer par le début.
- Ne sautez pas les marches.
- Faites attention à chaque étape
- Veillez à ce que tous les autres chakras de votre corps soient synchronisés.
- Travaillez surtout très dur sur votre chakra racine. Un chakra racine faible peut te faire avoir très peur et te faire délirer. Ton esprit peut se remplir de peurs qu'il serait très difficile de gérer.
- Assurez-vous que votre chakra du cœur fonctionne très bien. Un chakra du cœur mal équilibré peut également provoquer des peurs.
- Accordez à votre chakra de la gorge un temps presque égal à celui que vous avez accordé à tous les chakras

inférieurs réunis. Ce chakra peut vous permettre de retenir correctement une telle quantité d'énergie.
- Gardez votre esprit et votre cœur purs lorsque vous commencez à travailler sur le chakra du troisième œil.
- N'ayez pas de choses négatives à l'esprit car elles pourraient se multiplier.
- Ne pensez qu'aux choses positives et souhaitez du bien à tout le monde.
- Ne souhaitez pas et ne pensez pas à mal, même pour votre pire ennemi.
- Ne prenez pas de raccourci pour ouvrir votre chakra du troisième œil.
- La méditation est le meilleur moyen d'ouvrir le chakra du troisième œil.
- C'est aussi le chemin le plus long car il prend beaucoup de temps.
- Cependant, cela donne à votre esprit la stabilité et le contentement nécessaires.
- Il purifie vos émotions et vous apaise.
- La méditation élimine également la peur de votre cœur et de votre esprit.

Un point TRÈS IMPORTANT

- Ne poussez pas votre chance trop loin
- Laissez les choses se faire d'elles-mêmes, à leur propre rythme.

Vous avez peut-être remarqué que la plupart des médiums établis ont acquis leurs pouvoirs par accident. Ils n'ont rien fait au départ pour obtenir ces pouvoirs. Pour la plupart d'entre eux, c'est arrivé comme un accident bizarre. Parce que c'est venu comme un accident, ils n'avaient pas d'attentes à son égard, et donc la plupart d'entre eux survivent. Cependant, même eux font face à des problèmes au début. Mais, lorsque vous essayez d'obtenir ces pouvoirs, vous pensez invariablement à l'utilisation de ces pouvoirs, et cette pensée même peut devenir la cause de tout le problème.

Le chakra du troisième oeil peut s'ouvrir à n'importe quel moment de l'adolescence. Nous l'avons tous ouvert à un certain degré. Le sixième sens que nous avons tous et qui nous avertit des menaces perçues est une caractéristique de ce chakra du troisième œil. Pour plusieurs raisons, ce chakra peut être bloqué, et il se peut même que vous deviez travailler constamment sur lui pour le garder ouvert. Déjà vu, prémonitions, intuition et sixième sens sont autant de noms des petits pouvoirs qui accompagnent l'ouverture du chakra du troisième œil. Il peut également s'ouvrir de lui-même en cas de danger.

Le troisième œil n'est pas un œil physique. C'est un œil qui voit tout et qui s'ouvre vers l'intérieur.

L'hindouisme représente ce troisième œil comme un œil physique sur le front de Shiva. On pense qu'il est assez puissant pour détruire le monde si le seigneur Shiva choisit de l'ouvrir vers l'extérieur.

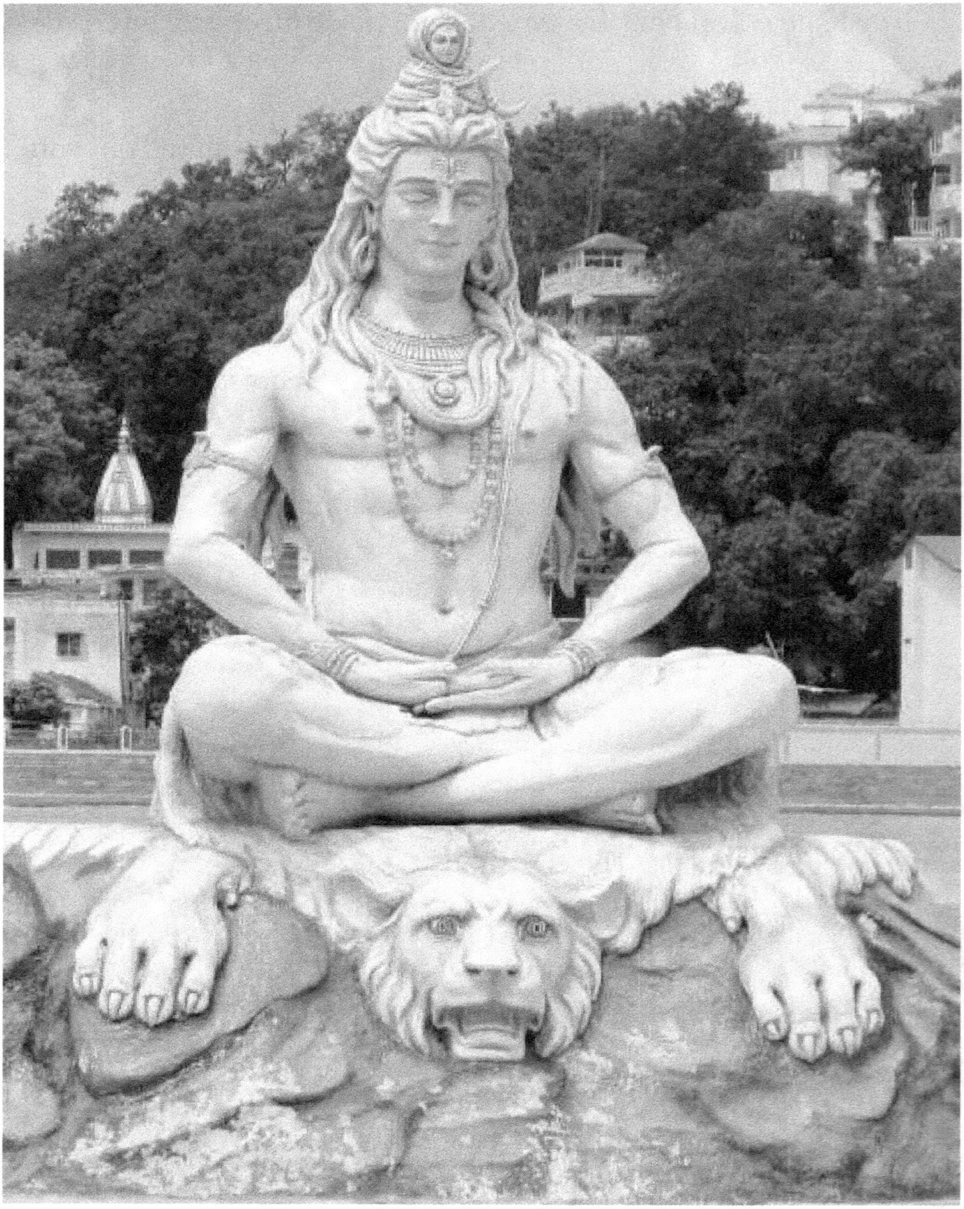

(Image de la divinité hindoue Shiva avec un troisième œil

physique gravé au centre du front, assis dans une pose méditative.)

Le troisième œil donne un sens plus élevé de la perception et de la clairvoyance. Il peut apporter avec lui des pouvoirs tels que la télépathie, la perspicacité, les capacités psychiques et une conscience supérieure. Une personne dont le troisième œil est ouvert pourra réaliser son plein potentiel. Il augmente les capacités mentales telles que la mémoire, l'acuité, l'attention et la concentration.

La signification sanskrite du mot "Ajna" est "commander". Ce chakra a la capacité de commander diverses fonctions du corps. Comme ce chakra est le deuxième plus élevé dans l'ordre des 7 chakras, il a une plus grande influence sur les autres chakras. Un déséquilibre dans ce chakra peut causer de gros problèmes.

Cependant, tant que ce chakra reste fermé, il ne cause pas beaucoup de tort à qui que ce soit. Ce n'est que lorsque l'équilibre énergétique d'un chakra du troisième œil actif est perturbé que les problèmes commencent.

Chakra du troisième œil équilibré : C'est le chakra du détachement complet. Une fois que ce chakra s'ouvre vraiment chez quelqu'un, il fait disparaître tous les sentiments d'attachement à ce monde. C'est le chakra de la conscience supérieure et il ouvre les portes de la libération intellectuelle et spirituelle. La libération et l'attachement ne peuvent pas aller de pair. Ce chakra éliminera toutes sortes de peurs de votre cœur et de votre esprit. Même la peur de la mort ne signifierait pas grand-chose, car il rendrait claire la distinction entre la vie et la mort. Il élève votre conscience cosmique. Ce chakra vous rendra certainement charismatique.

Faiblesse du chakra du troisième œil : Un chakra du troisième œil faible peut vous rendre indécis, indiscipliné, non assertif, craintif face aux succès ou aux échecs, faible, susceptible, paranoïaque et même schizophrène.

Chakra du troisième œil hyperactif : Une énergie excessive dans ce chakra peut rendre une personne dogmatique, tyrannique, orgueilleuse, fondamentaliste ou fanatique.

Problèmes de santé liés au chakra du troisième œil : Les personnes souffrant d'un déséquilibre de ce chakra peuvent souffrir de troubles neurologiques, de psychoses, de crises d'épilepsie, de cécité ou de surdité et d'accidents vasculaires cérébraux.

Le chakra de la couronne

C'est le septième chakra du système des 7 chakras et le plus haut dans l'ordre. Il y a des choses très intéressantes à propos de ce chakra. Il est plein de mystères et de mysticisme.

La signification du mot sanskrit "Sahasrara" est de mille pétales. Cependant, si vous le considérez en termes d'écriture vieille de plusieurs milliers d'années, il signifie d'innombrables pétales. À ce niveau de chakra, tout est simplement spéculation.

Les Vedas ont expliqué plusieurs façons d'atteindre le chakra 1st jusqu'au chakra 6th, mais il n'y a pas de méthode spécifique pour atteindre ou ouvrir le chakra 7th. Pour ouvrir ce chakra, aucun moyen spécifique n'a été indiqué.

Cela signifie-t-il que ce chakra ne peut pas être ouvert ou activé ?

Absolument pas. En fait, de nombreux sages ont donné des récits où ils ont pu activer et atteindre ce chakra et cette conscience. Ils ont simplement dit qu'il est impossible d'expliquer le chemin pour l'ouvrir. Du sixième chakra au septième, il n'y a pas de chemin. Selon les mots du célèbre enseignant et maître spirituel Sadhguru-Jaggi Vasudev, du sixième chakra au septième chakra, il n'y a pas de chemin. Chacun doit trouver son propre chemin grâce à la puissance de la conscience intellectuelle et spirituelle acquise.

Les Védas affirment qu'au 6èmeth chakra, vous aurez atteint tout ce que vous auriez voulu atteindre. Il n'y a rien en termes d'accomplissement que vous pourriez obtenir au 7èmeth chakra. Ce chakra n'est pas accompagné de pouvoirs mystiques qui charment les gens. C'est simplement une porte vers une connaissance infinie et rare sur la conscience supérieure et la libération. C'est un chemin sur lequel il n'y a aucune certitude de retour. Une fois que vous y êtes parvenu, il se peut que vous ne vouliez plus y retourner, ou que le retour devienne futile. Une fois que vous savez ce qu'il y a là, savoir ou voir quoi que ce soit d'autre peut devenir complètement sans importance. C'est un certain chemin de détachement complet.

Sahasrara signifie des milliers de pétales ou une ampleur illimitée. Ces pétales illimités sont les portes de la connaissance. Ce sont les portes ou les voies de la libération. Dans la religion hindoue, la paix n'est pas le but ultime de l'humanité. Les Védas disent que le but ultime est de se libérer du cycle de la naissance et de la mort. L'objectif de l'expansion de la conscience humaine est de résoudre les grandes questions de l'univers. Les gens croient qu'une fois que ce chakra s'ouvre complètement, tout savoir devient facile. Votre conscience et celle de l'univers ne font plus qu'un à ce moment-là.

Les gens ont essayé pendant des siècles et ont trouvé certaines directives qui peuvent aider à ouvrir ce chakra.

Ce chakra est simplement un moyen de se connecter à la force divine. Même dans les Vedas, le septième chakra n'est pas décrit comme un moyen de rencontrer un dieu ou une déité quelconque. Il est simplement décrit comme un moyen de s'unir à la force divine, quelle que soit sa forme. Le voyage vers le septième chakra n'est en aucun cas intellectuel ou religieux ; il est purement spirituel.

Cependant, vous devez faire attention au fait que c'est le chakra le plus puissant de tous. La quantité d'énergie à ce niveau peut devenir très difficile à gérer pour quiconque si cette voie s'ouvre accidentellement.

Les Védas situent l'emplacement physique des six autres chakras à l'intérieur de notre corps ; c'est le seul chakra qui serait situé à l'extérieur de notre corps. L'emplacement physique de ce chakra se situerait à environ 15 cm au-dessus du centre de notre crâne. Ce chakra est à l'extérieur de notre corps et pourtant il nous influence très fortement. Par conséquent, en se déplaçant vers ce chakra, il faut rester prudent.

Chakra couronne équilibré : Une énergie équilibrée dans le chakra couronne peut vous aider à établir une connexion avec le divin. Elle peut vous mettre sur la voie de la libération, qui est le but de l'ouverture de ce chakra. Il peut vous donner un accès direct à l'inconscient, ainsi qu'au subconscient. Les gens spéculent que même les lois fondamentales de la nature peuvent ne pas avoir d'importance à ce niveau. Vous acquerrez une conscience totale de la mort, et celle-ci deviendra sans importance pour vous. Certains aiment aussi croire qu'une personne dont le chakra couronne est ouvert et actif peut être capable de faire des choses qui relèvent peut-être du miracle pour le commun des mortels.

Faiblesse du chakra couronne : Bien que nous ayons peu de connaissances sur les choses qui peuvent être réalisées après le déblocage du chakra couronne, les dangers du déséquilibre énergétique sont bien connus. Si les énergies sont faibles dans ce chakra, une personne peut se sentir complètement déprimée. Cette personne peut ressentir un manque total de joie et peut également devenir peu communicative. Certaines personnes prédisent également la possibilité de devenir catatonique. Cependant, une telle personne aura certainement des difficultés à prendre des décisions, car cela affecte les capacités cognitives nécessaires pour discerner le bien et le mal ou le bon et le mauvais.

Chakra de la couronne hyperactif : Des énergies excessives dans ce chakra peuvent laisser une personne très frustrée. Le niveau d'intensité à ce niveau est si élevé que vous ne voudriez pas y toucher. Vous pouvez avoir l'impression d'avoir un pouvoir non réalisé mais vous ne sauriez pas comment le découvrir, ce qui peut causer plus de frustration. Des migraines fréquentes, des tendances destructrices, des troubles maniaques à un comportement psychotique, la liste des problèmes peut être très longue.

Problèmes de santé liés au chakra de la couronne : Les problèmes de ce chakra peuvent entraîner des troubles cognitifs. La dépression mystique, l'extrême sensibilité à la lumière, au son et à l'environnement, et les maladies du système musculaire sont quelques-uns des problèmes qui peuvent survenir en raison d'un déséquilibre des énergies dans ce chakra.

Chapitre 7 : Les raisons du blocage ou du déséquilibre des chakras et les façons dont ils affectent votre vie

Les chakras sont des corps énergétiques subtils. Les sept chakras tels que nous les connaissons ne sont pas à l'intérieur de notre corps, et donc ils ne sont pas vraiment bloqués. Cependant, chaque chakra majeur représente 16 chakras mineurs qui sont présents à l'intérieur du corps. C'est le blocage de ces chakras qui entraîne un blocage énergétique global.

Afin de développer une compréhension claire, il est très important que vous compreniez la cause du blocage. Avant cela, il est également important que vous compreniez clairement le terme "énergie".

Tous les systèmes énergétiques croient unanimement qu'il existe une certaine force qui circule en nous et nous fait courir. Cette énergie est connue sous plusieurs noms comme Chi, Qui, ou Ki. Dans le système *pranique indien*, cette énergie est connue sous le nom de *"Prana"* ou force vitale.

Selon les Vedas, parmi les millions de nerfs, 72 000 nerfs principaux facilitent la circulation du prana dans tout le corps. Ce prana circule à travers ces nerfs à 112 jonctions cruciales dans le corps, et ces jonctions sont connues sous le nom de "chakras".

Ces chakras sont très importants car ils influencent directement le flux d'énergie physique, émotionnelle, intellectuelle et spirituelle à l'intérieur du corps.

Cependant, comme ils influencent le flux de ces énergies, ces chakras peuvent également être affectés par diverses pressions physiques, émotionnelles, mentales et spirituelles.

Par conséquent, le flux d'énergie *pranique* dans votre corps ou *prana* peut être affecté par des problèmes émotionnels, physiques et mentaux. Les chakras ont une forte influence sur ces domaines, mais l'aspect physique des chakras peut également être affecté par eux.

Il est possible qu'un chakra soit obstrué physiquement. Si votre corps est physiquement affaibli de quelque manière que ce soit, cela conduira à l'obstruction des chakras, car le flux de *prana sera* affecté. Le *prana* est une énergie subtile qui circule dans votre corps, tout comme le sang circule dans vos veines.

Si votre esprit est perturbé, il entravera également le flux de cette énergie subtile. Dans de tels cas, le *prana se* concentre davantage sur la résolution des problèmes mentaux, et son flux est affecté. De même, les problèmes émotionnels ont également un impact très fort sur la circulation fluide du *prana* dans le corps.

Par conséquent, si vous souffrez d'une maladie chronique ou si vous avez eu des douleurs physiques constantes, cela aura un impact profond sur ce flux d'énergie *pranique*. C'est une chose très naturelle qui se produit. La tradition védique croit qu'il faut résoudre la cause et non traiter le symptôme. Si vous commencez votre mission de correction de vos chakras à ce stade, vous aurez très peu de succès, même après un travail très dur. La raison en est simple : la cause du blocage des chakras dans votre corps ne sera pas affectée. Vous devrez d'abord vous attaquer au problème physique.

Les principales raisons du blocage des chakras sont toutefois plus émotionnelles que physiques. Voici quelques-uns des problèmes courants qui provoquent un blocage des chakras ou un déséquilibre énergétique dans les chakras :

- Problèmes émotionnels non résolus
- Longs ressentiments
- Incapacité à évacuer les émotions négatives ou incapacité à trouver un exutoire
- Stress
- Anxiété
- Peur
- La programmation face à l'élevage
- Restriction auto-imposée
- Maltraitance
- Événements traumatiques passés
- Émotions refoulées

- Stress excessif sur la mère alors que l'enfant n'était pas encore né

Ce dernier point peut paraître étrange, mais vous seriez étonné de savoir le nombre de personnes dont les chakras sont bloqués parce que leur mère était très stressée lorsqu'ils étaient encore dans le ventre de leur mère. C'est l'une des principales raisons pour lesquelles il est vivement conseillé aux futures mères de ne pas être stressées et de rester heureuses. Leur état émotionnel et mental va affecter directement leurs enfants.

Une autre raison principale du blocage des chakras est notre habitude de remettre nos petits bonheurs à demain. Pendant que nous luttons dans nos études, nos emplois et nos carrières, nous fixons une date ultérieure pour être heureux. Vous connaissez peut-être des personnes qui se disent qu'elles seront heureuses quand elles seront à la retraite et qui, par conséquent, travaillent plus que de raison dans le présent. Ils mettent tout leur bonheur en jeu. Les enfants hypothèquent leur bonheur actuel pour un temps où ils passent victorieusement. Toutes ces choses conduisent à des émotions refoulées. Nous ne nous en rendons pas compte, mais ces choses exercent une pression sur notre énergie *pranique*.

Le sang coule dans vos veines en permanence. Vous ne pouvez pas le remettre au lendemain. Vous devez continuellement respirer et inhaler le *Prana Vayu* ou l'air. Vous ne pouvez pas le remettre à plus tard. De la même manière, le *prana* circule aussi en permanence et ne peut être mis en attente. Cependant, il y a une grande différence entre le sang et le *prana*. Le sang est fluide et physique, et il est doté d'un mécanisme qui le pousse à un rythme constant, alors que le *prana* est une énergie. Le flux de votre énergie dépend de votre état mental et émotionnel. Si vous vous sentez heureux et stable, le flux d'énergie sera bon et fort car l'énergie sera excitée. Cependant, si vous avez beaucoup d'émotions refoulées, de stress, d'anxiété et de chagrin, cette énergie *pranique* sera faible et le flux sera mauvais. Cela entraînera une baisse d'énergie.

La raison pour laquelle nous nous concentrons uniquement sur les 7 chakras principaux et non sur les 112 chakras mineurs est la suivante. Vous n'aurez aucun système pour comprendre quel chakra est confronté à une faible énergie et n'aurez aucun mécanisme pour traiter ce chakra de manière opportune et efficace.

Les 7 chakras majeurs sont reliés aux 112 chakras par les glandes endocrines. Les glandes endocrines sont des glandes sans canal, ce qui signifie qu'elles ont la capacité d'influencer les fonctions corporelles par le biais de messagers chimiques appelés hormones. Ces 7 chakras influencent également les centres nerveux cruciaux qui sont reliés aux 112 chakras mineurs.

Les sept principaux points de chakra agissent simplement comme des points d'acupression dans votre corps qui peuvent aider à mettre ce changement en mouvement.

Il y a plusieurs choses que vous pouvez faire pour empêcher le blocage des chakras ou pour minimiser les risques de tels blocages :

- Essayez de rester joyeux
- Vivez dans le présent, ne remettez pas votre bonheur à demain.
- Essayez de résoudre les problèmes émotionnels non résolus le plus tôt possible.
- Ne gardez pas de rancune envers les autres, si vous ne pouvez pas faire autrement, pardonnez-leur et passez à autre chose.
- Ne restez pas bloqué sur les choses. Cela vous prive de beaucoup d'*énergie pranique.*
- Essayez de libérer autant d'énergie négative que possible
- Faites régulièrement de la méditation ; cela vous aidera à résoudre la plupart de ces problèmes.
- Faites du yoga ou d'autres exercices de ce type
- Rester physiquement actif
- Faites-vous soigner pour des problèmes physiques et n'ignorez pas les douleurs chroniques.
- Prendre des mesures pour réduire le stress et l'anxiété dans votre vie
- Chercher de l'aide pour faire face à des événements traumatiques passés dans votre vie
- Oubliez votre passé

- Apprenez à lâcher prise et à passer à autre chose aussi vite que possible.
- Essayez d'apporter de la joie dans la vie des autres, l'énergie positive et les bénédictions des autres peuvent beaucoup aider à équilibrer votre énergie pranique.

Le blocage des chakras est une perturbation de l'énergie, et il peut se produire pour un certain nombre de raisons. Il ne sert à rien de se tracasser pour un blocage dans la vie. La chose importante à faire est de régler ces problèmes et de rétablir l'équilibre énergétique dans la vie.

La plupart d'entre nous continuent à blâmer les autres pour les problèmes que nous avons. Nous oublions que la douleur que nous endurons n'est pas causée par eux mais par la rancune que nous leur portons. Nous cessons d'essayer de surmonter cette douleur ou ce malaise, car nous voulons garder cette rancune ou en augmenter l'intensité. Cela va nous faire encore plus mal et n'affectera pas du tout cette personne.

Il est très important d'apprendre l'art de pardonner et de passer à autre chose. L'énergie des chakras est réelle, et elle a des manifestations physiques. Tant que vous la traiterez comme un concept mythique, vous ne pourrez pas bénéficier de ses avantages. Essayez de la voir en termes réels et pratiques, et tout ce qui concerne les chakras se révélera vrai.

Chapitre 8 : Signification de l'équilibrage et de l'éveil des chakras

L'équilibrage des chakras et l'éveil sont deux choses différentes. Il y a beaucoup de confusion autour de ces deux concepts, et ils sont généralement mélangés et même utilisés de manière interchangeable. Ce chapitre vous aidera à dissiper cette confusion.

Il existe plusieurs états dans lesquels les chakras peuvent se trouver dans votre corps :

Ouvrir les chakras : Six chakras sur les sept s'ouvrent dans votre corps avec le temps. Il s'agit d'un processus naturel. Il y a un âge déterminé pour l'ouverture des chakras.

No n.	Chakra	Orientation	Question centrale	Identité	Âge
1	Chakra racine	Auto-préservation	Survival	Identité physique	Jusqu'à 1 an
2	Chakra sacré	Auto-gratification	Sexualité	Identité émotionnelle	Jusqu'à 2 ans
3	Chakra du plexus	Autodéfinition	Puissance	Identité de l'ego	Jusqu'à 5 ans

	solaire				
4	Chakra du cœur	Acceptation de soi	Amour	Identité sociale	Jusqu'à 8 ans
5	Chakra de la gorge	Expression de soi	Communication	Identité créative	Jusqu'à 12 ans
6	Chakra du troisième œil	Réflexion personnelle	Intuition	L'identité archétypale	Adolescence
7	Chakra de la couronne	Connaissance de soi	Sensibilisation	Identité universelle	Sur l'expérience

Vous constaterez donc que six des sept chakras ont un temps déterminé pour s'ouvrir. L'âge indiqué dans le tableau ci-dessus est l'âge de développement de ce chakra ou système énergétique. À partir de cet âge, le système devient fonctionnel. Cela signifie que si vous voulez travailler sur le chakra de la gorge à l'âge de 4 ans, vous risquez de ne pas obtenir un grand succès. Il n'est pas impossible d'ouvrir ce chakra plus tôt, mais l'âge optimal de développement d'un chakra spécifique est donné. Seul le septième chakra n'a pas d'âge spécifique de développement. C'est un chakra expérimental, et il est toujours présent. Vous devrez atteindre ce niveau de conscience pour l'ouvrir.

Chakras actifs : Une autre préoccupation majeure concerne l'activité des chakras. Un chakra actif est celui par lequel un flux régulier et sain de transfert d'énergie a lieu. Cela se produit généralement dans la plupart des chakras jusqu'à ce qu'ils soient bloqués pour une raison spécifique. Cependant, il se peut que les chakras ne transfèrent pas l'énergie très activement. Avec le temps, le stress, les émotions refoulées, le niveau de transfert d'énergie diminue. Pour qu'un chakra soit considéré comme actif, il doit avoir un niveau optimal de transfert d'énergie. Même les chakras obstrués facilitent un certain degré de transfert d'énergie. Cela ne les rend pas vraiment actifs. Un chakra actif est celui par lequel le transfert d'énergie s'effectue rapidement.

Réveil des chakras : C'est le processus qui consiste à rétablir le flux d'énergie dans un chakra. Lorsqu'un chakra est resté en sommeil pendant une très longue période, le processus consistant à le rendre actif est appelé éveil.

Chakras bloqués/engorgés : Les chakras bloqués ou obstrués sont ceux dans lesquels le flux d'énergie ne se fait pas correctement. Les chakras peuvent être bloqués ou obstrués pour un certain nombre de raisons. Des problèmes émotionnels, mentaux et physiques peuvent conduire au blocage ou à l'obstruction des chakras. Ces problèmes peuvent être résolus par l'équilibrage des chakras.

Guérison/équilibrage des chakras : La guérison des chakras est le processus qui consiste à rétablir l'équilibre énergétique d'un chakra. Plusieurs méthodes peuvent être employées pour guérir/équilibrer les chakras.

- La méditation est un bon moyen de rétablir l'équilibre énergétique dans les chakras.
- Vous pouvez également le faire par le biais du yoga, du ti-chi ou d'autres méthodes similaires.
- Les cristaux et les huiles essentielles peuvent également aider à rétablir le flux énergétique et à guérir un chakra qui fonctionne lentement.
- Le reiki est un autre moyen de relancer le flux d'énergie dans un chakra.
- Apporter des changements positifs à son mode de vie est également un bon moyen de rétablir et de maintenir l'équilibre des chakras.

L'équilibre énergétique des chakras est influencé par vos actions et processus de pensée quotidiens. Vous ne le savez peut-être pas, mais les choses que vous avez à l'esprit ou les actions que vous réalisez affectent le flux de *Prana Vayu* ou l'énergie vitale dans votre corps ; vous pouvez aussi le considérer comme un équivalent de la respiration. Par exemple, lorsque vous êtes excité, votre respiration devient rapide, ce qui change la façon dont le *prana* circule dans votre système nerveux. De même, si vous êtes très calme et détendu, votre respiration devient très profonde, il n'y a pas de tension dans les nerfs et il n'est pas nécessaire de diriger le *prana* vers une partie spécifique du corps. Le flux de *prana* est donc fluide. Par conséquent, nos pensées et nos actions quotidiennes ont un impact profond sur les chakras. Si vous voulez maintenir un flux d'énergie régulier, vous pouvez suivre quelques habitudes simples pour garder vos chakras alignés.

Les chapitres suivants vous aideront à comprendre en détail les moyens de guérir vos chakras. Vous obtiendrez également des conseils sur la vie quotidienne pour guérir vos chakras bloqués.

Ce livre présente 5 méthodes simples et efficaces pour guérir les chakras et les maintenir en équilibre.

1. Yoga Asanas (postures de yoga)
2. Les cristaux pour guérir les chakras et les façons de les utiliser
3. Huiles essentielles pour la guérison des chakras bloqués
4. Conseils de la vie quotidienne pour rétablir et maintenir l'équilibre énergétique
5. Méditation - Ce livre vous propose des séances individuelles de méditation guidée pour guérir et équilibrer chaque chakra.

En outre, ce livre aborde brièvement le Reiki, car vous pouvez également demander l'aide de guérisseurs Reiki pour ouvrir instantanément vos chakras bloqués ou rétablir l'équilibre énergétique.

Chapitre 9 : Méthodes de guérison et d'équilibrage des chakras

1. Méditation

La méditation est l'un des moyens les plus précis pour guérir et équilibrer vos chakras. Les Vedas accordent une grande importance à la méditation. Contrairement au monde occidental, les Vedas ne considèrent pas la méditation comme un moyen de calmer l'esprit ou d'apaiser le bavardage mental. Les Vedas considèrent la médiation comme le moyen le plus concret de se connecter à sa conscience intérieure. Avec l'aide de la méditation, vous pouvez vous concentrer de manière très précise et diriger vos énergies vers les zones spécifiques où elles sont nécessaires. Il n'existe aucun autre moyen de guérir et d'équilibrer les chakras avec autant de précision.

La méditation est considérée comme un moyen supérieur pour plusieurs raisons.

Premièrement, il s'agit d'un processus interne de canalisation de l'énergie. Il ne nécessite aucune aide extérieure.

Deuxièmement, il apporte les changements progressivement, et donc vos centres énergétiques ont le temps de s'adapter. Il n'y a pas de changement d'énergie soudain et rapide, ce qui peut parfois être une source d'inquiétude.

Troisièmement, la méditation augmente votre concentration sur vos énergies subtiles et les centres énergétiques. Cela permet également d'éviter les blocages fréquents.

Quatrièmement, les chakras ont un équilibre énergétique très délicat. Les médiums externes utilisés pour guérir les chakras peuvent également causer plus de dommages, car il n'y a aucun moyen de juger la quantité exacte de poussée énergétique requise. Les médiums externes fonctionnent généralement par essais et erreurs, et votre supposition pourrait être aussi juste que la mienne. Cependant, la méditation apporte les changements de manière très subtile, sans perturber le flux énergétique des autres chakras.

Cinquièmement, c'est une pratique saine pour garder votre corps et votre esprit en phase. Elle permet de calmer votre esprit et d'apaiser vos émotions. En pratiquant la méditation, vous serez en mesure de donner un exutoire à vos émotions refoulées. Il devient également plus facile d'évacuer les souvenirs du passé et les pensées régressives.

Les avantages de la méditation sont nombreux.

2. Yoga

Pour le monde occidental, le yoga est avant tout un moyen de rester en forme physiquement et mentalement. Cependant, le *système* indien *Pranics* ou le système védique le considérait comme bien plus.

Dans le système védique, le Yoga a 8 bras.

1. Yama (Codes moraux)
2. Niyama (purification de soi et étude)
3. Asana (posture)
4. Pranayama (contrôle de la respiration)
5. Pratyahara (contrôle des sens)
6. Dharana (Concentration)
7. Dhyana (méditation)
8. Samadhi (Assimilation avec l'énergie universelle)

Comme vous pouvez le constater, les quatre premières parties portent sur le contrôle du corps et de l'esprit. Elles traitent des problèmes auxquels le corps est confronté. Grâce à diverses postures, au contrôle de la respiration et à l'auto-purification, vous rendez votre corps sain et en forme. Ces éléments vous donnent le pouvoir de maintenir votre corps aligné.

Les autres quatre parties du yoga ne sont pas physiques mais concernent davantage le développement mental et émotionnel. Comme vous pouvez le voir ici, la septième[th] partie du yoga est la méditation. Ainsi, le yoga et la méditation sont tous deux utilisés dans le même but. Ils font partie de la même séquence. Comme vous pouvez le voir, même dans le yoga, le but ultime est de ne faire qu'un avec l'énergie universelle. Dans la culture védique, toutes les parties mènent finalement à un seul objectif, à savoir la libération finale du corps, de l'âme et de l'esprit.

Cependant, dans le yoga, il existe des asanas ou des postures spécifiques qui peuvent vous aider à exercer la bonne pression sur les chakras requis. Vous pouvez également faire du yoga pour entretenir vos chakras.

3. Guérison par les cristaux

La guérison par les cristaux est un moyen simple de soigner le déséquilibre énergétique en utilisant des pierres. Vous vous demandez peut-être comment une pierre, un objet inanimé, peut corriger un équilibre énergétique dans le corps. Cela peut ressembler à une superstition.

Maintenant, pensez à l'uranium. C'est aussi un objet inanimé, et pourtant, si vous restez près de lui, vous pouvez subir des dommages irréparables à votre corps et à votre esprit. Vous n'avez même pas besoin de le toucher ou d'entrer en contact direct avec lui. Vous pouvez simplement répondre qu'il s'agit d'une matière radioactive, et c'est pourquoi elle nous affecte. La nature radioactive est également une forme d'énergie. Chaque objet dans ce monde a son énergie. Cette énergie est généralement très subtile, et nous ne pouvons pas la sentir. Cependant, les centres énergétiques subtils de notre corps peuvent ressentir cette énergie et, en utilisant ces pierres, vous pouvez contribuer à rétablir l'équilibre énergétique. Si certains chakras ont une faible énergie, vous pouvez utiliser des cristaux qui peuvent renforcer ces chakras et aider à rétablir l'équilibre. De même, dans le cas de chakras trop actifs, on peut utiliser des cristaux qui absorbent ce type d'énergie.

Cependant, avant de manipuler un cristal, il est important que vous vous assuriez que les cristaux sont du bon type et de la bonne qualité. L'utilisation de cristaux de qualité inférieure peut n'avoir aucun impact sur vos niveaux d'énergie. Cela ne signifie pas que vous devez acheter des cristaux coûteux comme un diamant. Vous pouvez utiliser des alternatives abordables, mais les cristaux utilisés ne doivent pas être de qualité inférieure ou cassés. Si une pierre pâlit au fil du temps, veuillez la changer.

Avant de commencer à utiliser un cristal, il est important de le nettoyer de toute énergie résiduelle. Vous ne serez certainement pas la première personne à manipuler le cristal que vous allez utiliser. Cela signifie que le cristal aura été en contact avec plusieurs personnes dans le passé. Les cristaux peuvent retenir les énergies pendant une très longue période, ce qui peut jouer contre vous car les énergies retenues par les cristaux peuvent aussi être négatives. Pour vous assurer que cela ne vous affecte pas, veuillez nettoyer soigneusement les cristaux avant de les utiliser.

Il existe des moyens très simples de nettoyer les cristaux :

- Lavez-les sous l'eau du robinet. Les garder sous l'eau du robinet pendant environ 15 minutes peut éliminer les énergies négatives.
- Vous pouvez simplement garder les cristaux sous la lumière de la lune pendant 3 nuits consécutives. Mais veillez à ce qu'ils n'entrent pas en contact avec la lumière du soleil, qui peut endommager certains cristaux.
- Gardez-les dans un bol de sel de mer. Cela permettra également d'éliminer les énergies négatives. Lavez-les à l'eau douce après les avoir retirés du sel de mer.
- Vous pouvez également enterrer des cristaux dans le sol la nuit et les ressortir le lendemain matin pour éliminer les énergies négatives.

Garder les pierres près de votre corps ou exactement sur l'emplacement du chakra affecté peut aider à guérir le chakra plus rapidement.

4. Huiles essentielles

L'Ayurveda, la branche de la médecine védique suivie dans l'Inde ancienne, fait une large place aux plantes dans notre santé. Elle affirme qu'il existe plusieurs plantes qui ont un fort pouvoir médicinal dans notre vie. L'utilisation de ces plantes sous diverses formes peut aider à traiter des problèmes de différents types.

La guérison du déséquilibre énergétique dans les chakras en fait également partie. Il existe de nombreuses plantes exotiques qui produisent certaines herbes pouvant influencer les niveaux d'énergie de votre corps. Les extraits de ces plantes peuvent être utilisés sous forme d'huiles essentielles pour traiter de nombreux types de déséquilibres énergétiques.

Il existe de nombreuses façons populaires d'utiliser les huiles essentielles. Vous pouvez mélanger l'huile essentielle dans n'importe quelle huile de support et l'appliquer directement sur votre peau dans la zone affectée. Cela peut aider à rétablir l'équilibre énergétique.

Ces huiles essentielles peuvent également être utilisées pour l'aromathérapie, où elles sont employées dans les bâtonnets d'encens pour apaiser vos sens grâce à leur parfum.

5. Changements de mode de vie

Nos actions affectent le fonctionnement de notre système énergétique. Le moyen le plus simple de comprendre est de connaître la troisièmerd loi du mouvement de Newton. Elle dit que toute action a une réaction égale et opposée.

Lorsque vous grondez une personne ou que vous vous mettez en colère contre quelqu'un, vous ne faites pas seulement du mal et de la peine à cette personne, mais votre mécanisme interne est également affecté par le mépris de vous-même. Vous ne restez pas insensible à cette explosion d'énergie. C'est une réaction naturelle. De même, si vous souriez après avoir regardé quelqu'un, si vous montrez de l'affection ou si vous faites une bonne action pour les autres, vous verrez une douceur d'émotion se développer à l'intérieur. Il s'agit simplement d'une réaction à l'acte de bonté. Tout ceci pour prouver que chaque action dans la vie affecte vos chakras.

Par exemple, si vous avez l'habitude de trop mentir ou si vous êtes un menteur invétéré, votre chakra de la gorge sera toujours déséquilibré. Cela peut vous rendre encore plus bavard, car c'est l'effet secondaire d'un excès d'énergie dans ce chakra, mais cela n'en fait pas une bonne chose. La meilleure façon d'apporter l'équilibre au chakra de la gorge hyperactif est d'arrêter de mentir compulsivement.

De même, il existe de nombreuses façons simples de maintenir les chakras en équilibre. Vous n'avez pas besoin de faire beaucoup d'efforts pour y parvenir. Donc, si vous connaissez le chakra qui présente un déséquilibre dans votre vie, vous pouvez commencer à suivre ces conseils.

6. Reiki

Le Reiki est une puissante technique de guérison japonaise qui fonctionne sur des principes énergétiques similaires. Dans cette technique, un maître Reiki formé qui a développé des pouvoirs de guérison peut vous aider en trouvant et en guérissant le déséquilibre énergétique dans le corps.

Les maîtres Reiki sont formés de manière approfondie pour détecter l'obstruction dans le flux d'énergie, et ils l'utilisent pour guérir les problèmes. Si vous rencontrez un problème dans vos centres énergétiques, vous pouvez demander l'aide des maîtres Reiki. Comme je l'ai dit précédemment, cette aide ne doit pas être utilisée pour activer spontanément le chakra du troisième œil, car la gestion de son énergie peut devenir difficile pour vous.

Chapitre 10 : Guérison et équilibrage des chakras

Guérison du chakra racine

Changements de mode de vie pour la guérison et l'équilibrage du chakra racine

Faire du jardinage un hobby

Pour rétablir l'équilibre du chakra racine, vous pouvez commencer à jardiner. Plus vous interagirez avec la terre, plus votre chakra racine se renforcera. Ce passe-temps peut vous aider à garder votre esprit désengagé et à apaiser vos peurs. Pratiquez le jardinage quotidiennement pendant au moins un certain temps. Même si vous vivez dans une ville métropolitaine où l'espace est restreint, vous pouvez toujours garder des pots de fleurs. Vous pouvez également essayer de garder une plante d'intérieur, même sur votre bureau, pour un meilleur effet d'ancrage.

Assise sur la terre et randonnée

Essayez d'établir une connexion aussi étroite que possible avec la terre. Le déséquilibre du chakra racine est généralement le résultat d'une dissociation avec les racines. Les personnes qui s'éloignent de leur domicile sont également confrontées à cette perturbation. Vous pouvez essayer de vous asseoir sur le sol pendant un certain temps chaque jour dans les parcs. Les randonnées sont également une bonne idée car elles vous aident à maintenir un lien étroit avec la nature.

Entrer en contact avec le sol

Il existe plusieurs façons d'établir le contact avec le sol. Marcher pieds nus sur le sol est également une excellente idée. En fait, il est même considéré comme très bon pour la santé des yeux de marcher pieds nus sur l'herbe. Cependant, c'est également bon pour l'équilibre du chakra racine.

Sortir d'un mode de vie sédentaire

Il ne fait aucun doute que le mode de vie moderne a un grand rôle à jouer dans notre sédentarité. Cependant, notre contribution au problème n'est pas moindre. Nous sommes devenus des pattes de canapé et ne prenons pas d'initiative. Si votre chakra racine est déséquilibré, essayez de faire plus d'activité physique. N'oubliez pas qu'un chakra racine déséquilibré peut aussi augmenter votre poids de façon inattendue.

Les fruits rouges sont bons

Manger des fruits rouges est bon pour apporter un équilibre au chakra racine.

Yoga pour la guérison et l'équilibre des chakras racine

- Pose de l'arbre
- Flexion avant debout
- Pose de la tête au genou
- Pose de l'enfant en appui
- Pose du cadavre en appui
- Guerrier 1
- Guerrier 2
- Pose de la chaise

Cristaux pour la guérison et l'équilibre des chakras racine

Rubis, pierre de sang, hématite, obsidienne, jaspe rouge, onyx, lodestone, agate de feu, grenat, tourmaline noire et quartz fumé.

Huiles essentielles pour la guérison et l'équilibre du chakra racine

Bois de rose, bois de santal et ylang-ylang.

Méditation de guérison du chakra racine

Asseyez-vous dans une posture de jambes croisées

Fermez les yeux doucement

Gardez votre colonne vertébrale droite

Si vous en ressentez le besoin, vous pouvez utiliser un dossier.

Veuillez maintenir une posture droite tout au long de la séance de méditation.

Gardez vos épaules droites et équidistantes

Votre prochain devrait également rester droit

Veuillez lever le menton un peu vers le ciel.

Juste un peu

Vous pouvez placer vos mains sur vos genoux ou sur vos genoux comme vous le souhaitez.

Pendant la méditation, vous devrez garder les yeux fermés.

Vous pouvez avoir plusieurs pensées liées à vos pensées personnelles et professionnelles pendant la méditation.

Ne faites pas attention à eux

Il suffit de les écarter et de prêter attention à votre respiration.

Vous devez vous concentrer sur votre conscience

Cette séance de méditation vous aidera à établir un lien fort avec vos racines. Elle vous aidera à vous sentir plus ancré et plus ferme. Le sentiment de contentement, d'autosuffisance et de paix, qui vous fait défaut, deviendra plus fort dans votre cœur après cette séance.

Asseyez-vous calmement, les yeux légèrement fermés

Tu n'as pas besoin de penser à quoi que ce soit en ce moment.

C'est le moment de se détendre

Si des pensées se bousculent dans votre esprit, ne vous inquiétez pas.

Laissez-les passer

Ils ne vous concernent pas pour le moment

Vous devez devenir une personne calme et paisible à ce moment-là.

Pas besoin de penser à quoi que ce soit

Pas besoin de se concentrer sur le chagrin ou le bonheur

Pas besoin de s'inquiéter des échecs et des succès

Pas besoin de s'inquiéter de la peur des plaisirs

C'est le moment de rester immobile et silencieux

Vous n'avez pas besoin de faire quoi que ce soit.

Concentrez-vous sur votre respiration

Observez attentivement votre respiration

Inhalez

Expirez

Inhalez

Expirez

Inhalez

Expirez

Inhalez

Expirez

Inhalez

Expirez

Restez concentré sur votre respiration

Essayez de sentir chaque aspect de votre respiration

Votre respiration est-elle rapide en ce moment ?

Ça va se refroidir.

L'air est-il froid ou chaud ?

Pouvez-vous sentir l'air qui entre dans vos narines ?

Faites attention à cet air

Nous allons maintenant faire une respiration profonde

Vous allez inspirer lentement par le nez jusqu'à ce que je compte 7.

Tenez-le jusqu'à ce que vous ayez compté jusqu'à 7

Puis expirez très lentement par la bouche en comptant jusqu'à 8.

Restez concentré sur votre respiration

Ne le laissez pas s'égarer

Il peut être détourné vers des pensées aléatoires

Ne vous inquiétez pas.

Reconnaissez simplement la pensée et ramenez votre attention sur la respiration.

Prenez une respiration lente et profonde par le nez

1..

2...

3....

4.....

5....

6......

7......

Maintenant, retenez doucement cette respiration jusqu'à 7.

1..

2...

3....

4.....

5....

6......

7......

Maintenant, expirez lentement par la bouche en comptant jusqu'à 8.

1..

2...

3....

4.....

5....

6......

7......

8.......

Excellent !

Répétez une fois de plus

Prenez une respiration lente et profonde par le nez

1..

2...

3....

4.....

5....

6......

7......

Maintenant, retenez doucement cette respiration jusqu'à 7.

1..

2...

3....

4.....

5....

6......

7......

Maintenant, expirez lentement par la bouche en comptant jusqu'à 8.

1..

2...

3....

4.....

5....

6......

7......

8.......

Merveilleux !

Observez votre respiration une fois de plus

Ressentez le calme dans votre respiration maintenant

Maintenant, une fois encore, prenez une profonde respiration

Pas besoin de compter

Respirez simplement profondément pendant aussi longtemps que vous le pouvez

Laissez votre corps s'imprégner d'un maximum d'air frais.

Pendant que vous inspirez,

Laissez votre conscience suivre cet air à l'intérieur de votre corps

Sentez cet air entrer dans votre cavité nasale

Observez la façon dont cette respiration gonfle votre poitrine et se déplace vers le bas.

Dirigez-le vers la base de votre colonne vertébrale par votre conscience.

Laissez-le atteindre le cœur

La base de la colonne vertébrale est le cœur du corps.

Comme s'il y avait un noyau dans la terre

Sentez le centre de votre corps se connecter au centre de la terre.

Respirez lentement

Inhalez

Expirez

Inhalez

Expirez

Sentez votre cœur se connecter à la terre mère.

Vous êtes fait de cette même terre

Un jour, vous serez dissous dans cette terre.

Vous ne perdrez rien

Il n'y a rien que vous devez craindre

Il n'y a rien qui devrait vous déranger

Vous obtenez tout de cette terre mère

Tout retourne à la terre

Vous êtes satisfait de ce que vous avez

Vous vous sentez satisfait de ce que vous possédez

Vous vous sentez connecté à vos racines

Vous ressentez un lien fort avec la famille

Vous vous sentez en sécurité

Vous vous sentez bien au chaud

Vous vous sentez chez vous

Vous êtes venu ici pour être ici

Vous avez le droit d'avoir les choses que vous possédez.

Vous vous sentez léger

Vous vous sentez fort

Inhalez

Expirez

Inhalez

Expirez

Sentez l'énergie calme et apaisante régner sur votre corps.

Visualisez la lumière rouge chaude et apaisante qui sort de la terre et réchauffe votre corps.

C'est l'amour, les soins et la protection fournis par la terre mère.

Vous vous sentez en confiance maintenant

Vous vous sentez calme

Vous vous sentez en sécurité

La terre est la mère

Il vous nourrit

Il vous offre une protection

Il ne permettrait pas qu'on vous fasse du mal.

Sentez que vous vous connectez à la mère

Vous vous retrouvez bien au chaud sur les genoux de la mère.

Vous pouvez résoudre tous les problèmes que vous avez

Vous êtes sans peur

Vous êtes puissant

La mère vous nourrit

Il vous protège

Laissez la terre mère vous remplir de sa lumière chaude.

Laissez-le vous illuminer de l'intérieur

Reste tranquille.

Ressentez le pouvoir

Ressentez le calme

Ressentez le calme

Sentez vos insécurités fondre

Sentez votre peur s'éloigner

Maintenant, il n'y a plus de crainte

Il n'y a pas d'anxiété

Vous vous sentez en sécurité

Vous vous sentez ancré et nourri

Vous vous sentez connecté à la terre mère

Vous vous sentez lié à la famille

Acceptez tout ce que vous recevez

Il n'y a pas de questions à poser

Il n'y a pas de réponses à donner

Veuillez recevoir de la mère éternelle

Laisse la mère te nourrir

Inspirez lentement

Expirez encore plus lentement

Inspirez lentement

Expirez encore plus lentement

Inspirez lentement

Expirez encore plus lentement

Maintenant, concentrez-vous à nouveau sur votre respiration

Vous vous sentez positif maintenant

Vous vous sentez guéri et nourri

Inhalez

Expirez

Inhalez

Expirez

Inhalez

Expirez

Concentrez-vous à nouveau sur la respiration

Sentez votre souffle une fois de plus

Essayez de sentir votre environnement

Essayez de sentir vos membres sans les bouger

Détente

Asseyez-vous pendant quelques instants avec les yeux fermés

Maintenant, vous pouvez ouvrir les yeux quand vous le souhaitez.

Guérison des chakras sacrés

Changements de mode de vie pour la guérison et l'équilibrage du chakra sacré

Augmentez votre engagement créatif

C'est le chakra qui encourage les activités créatives. Il vous fait ressentir et goûter de nouvelles choses et laisse libre cours à votre créativité. Cependant, lorsque l'énergie de ce chakra est faible, faire de nouvelles choses ou s'engager dans des activités créatives peut aider à rétablir l'équilibre de ce chakra.

Aller dans de nouveaux endroits

Les nouveaux endroits peuvent créer de l'excitation dans ce chakra car il est donné au plaisir des choses et des endroits nouveaux et inconnus. Si votre chakra sacré manque d'énergie, visiter de nouveaux endroits peut titiller votre expérience visuelle et, par conséquent, contribuer à améliorer le fonctionnement de ce chakra.

Essayez de nouveaux aliments

Le goût, l'odorat et l'expérience visuelle font partie de ces trois sens forts. Déguster de nouveaux plats et essayer de nouveaux aliments peut également avoir un impact positif sur votre chakra sacré. Cela peut éveiller votre intérêt pour les choses qui vous entourent.

Consacrez un peu de temps au service social

Le service social est une autre façon de créer un intérêt pour les choses qui vous entourent. Bien que le chakra sacré permette de profiter des plaisirs du monde, lorsque les énergies de ce chakra sont faibles, en répandant un peu de joie autour de vous, vous pouvez également apporter une énergie positive à ce chakra. Vous devriez essayer de rendre service à la communauté par tous les moyens possibles. Aucun service n'est trop petit pour l'humanité. Vous n'avez pas besoin de devenir un grand philanthrope pour faire du travail social. Essayez de contribuer de toutes les manières possibles.

Trouvez un exutoire approprié pour votre énergie sexuelle

C'est le chakra qui a une influence directe sur vos organes reproducteurs. C'est aussi un chakra juste au-dessus du chakra racine, et donc l'accumulation d'énergie sexuelle dans ce chakra ne devrait pas être considérée comme quelque chose de très inhabituel. Cependant, l'énergie sexuelle doit trouver un exutoire approprié. S'il est laissé hors de contrôle, ce chakra peut vous rendre complètement dévoué aux plaisirs sexuels, et seuls les désirs charnels commenceront à dicter vos décisions. S'engager dans des activités sexuelles illégales ou dans l'adultère peut causer un autre ensemble de problèmes dans ce chakra. Cela conduit à l'accumulation d'émotions négatives, ce qui peut vous nuire. Essayez de trouver un exutoire approprié pour votre satisfaction sexuelle.

Essayez le Reiki

Le reiki peut être très utile pour résoudre les problèmes de ce chakra. Étant donné que ce chakra se trouve dans les échelons inférieurs et que son impact est principalement vers l'intérieur, vous pouvez facilement consulter un maître reiki pour la guérison de ce chakra. Un maître reiki peut corriger les problèmes comparativement plus rapidement.

Portez la couleur orange

Les vêtements et la nourriture de couleur orange peuvent être utiles pour rétablir l'équilibre dans ce chakra. Les couleurs ont un impact profond sur votre sens, et c'est pourquoi porter ce chakra vous motivera à devenir un peu plus immersif.

Yoga pour la guérison et l'équilibrage des chakras sacrés

- Le personnel des quatre membres pose

- Chien tête en bas
- Pose du visage de la vache
- Pose de l'enfant
- Pose du bébé heureux
- Poses du guerrier
- Pose en angle fermé
- Pose en angle ouvert

Cristaux pour la guérison et l'équilibrage des chakras sacrés

Ambre, pierre de lune, pierre solaire, tourmaline orange et cornaline.

Huiles essentielles pour la guérison et l'équilibrage des chakras sacrés

Bois de rose, citron, lavande, romarin et camomille romaine.

Méditation de guérison du chakra sacré

Asseyez-vous dans une posture de jambes croisées

Fermez les yeux doucement

Gardez votre colonne vertébrale droite

Si vous en ressentez le besoin, vous pouvez utiliser un dossier.

Veuillez maintenir une posture droite tout au long de la séance de méditation.

Gardez vos épaules droites et équidistantes

Votre prochain devrait également rester droit

Veuillez lever le menton un peu vers le ciel.

Juste un peu

Vous pouvez placer vos mains sur vos genoux ou sur vos genoux comme vous le souhaitez.

Pendant la méditation, vous devrez garder les yeux fermés.

Vous pouvez avoir plusieurs pensées liées à vos pensées personnelles et professionnelles pendant la méditation.

Ne faites pas attention à eux

Il suffit de les écarter et de prêter attention à votre respiration.

Vous devez vous concentrer sur votre conscience

Cette séance de méditation vous aidera à raviver votre esprit d'enfant. Vous découvrirez que la joie est toujours un sentiment frais et épanouissant. Cette séance de méditation vous aidera à explorer le côté joyeux de votre personnalité. Elle vous aidera à explorer vos passions et à redécouvrir l'ancien vous qui vous manque depuis longtemps ou que vous avez toujours désiré.

Asseyez-vous calmement, les yeux légèrement fermés

Tu n'as pas besoin de penser à quoi que ce soit en ce moment.

C'est le moment de se détendre

Si des pensées se bousculent dans votre esprit, ne vous inquiétez pas.

Laissez-les passer

Ils ne vous concernent pas pour le moment

Vous devez devenir une personne calme et paisible à ce moment-là.

Pas besoin de penser à quoi que ce soit

Pas besoin de se concentrer sur le chagrin ou le bonheur

Pas besoin de s'inquiéter des échecs et des succès

Pas besoin de s'inquiéter de la peur des plaisirs

C'est le moment de rester immobile et silencieux

Vous n'avez pas besoin de faire quoi que ce soit.

Concentrez-vous sur votre respiration

Observez attentivement votre respiration

Inhalez

Expirez

Inhalez

Expirez

Inhalez

Expirez

Inhalez

Expirez

Inhalez

Expirez

Restez concentré sur votre respiration

Essayez de sentir chaque aspect de votre respiration

Votre respiration est-elle rapide en ce moment ?

Ça va se refroidir.

L'air est-il froid ou chaud ?

Pouvez-vous sentir l'air qui entre dans vos narines ?

Faites attention à cet air

Nous allons maintenant faire une respiration profonde

Vous allez inspirer lentement par le nez jusqu'à ce que je compte 7.

Tenez-le jusqu'à ce que vous ayez compté jusqu'à 7

Puis expirez très lentement par la bouche en comptant jusqu'à 8.

Restez concentré sur votre respiration

Ne le laissez pas s'égarer

Il peut être détourné vers des pensées aléatoires

Ne vous inquiétez pas.

Reconnaissez simplement la pensée et ramenez votre attention sur la respiration.

Prenez une respiration lente et profonde par le nez

1..

2...

3....

4.....

5....

6......

7......

Maintenant, retenez doucement cette respiration jusqu'à 7.

1..

2...

3....

4.....

5....

6......

7......

Maintenant, expirez lentement par la bouche en comptant jusqu'à 8.

1..

2...

3....

4.....

5....

6......

7......

8.......

Excellent !

Répétez une fois de plus

Prenez une respiration lente et profonde par le nez

1..

2...

3….

4…..

5….

6……

7……

Maintenant, retenez doucement cette respiration jusqu'à 7.

1..

2…

3….

4…..

5….

6……

7……

Maintenant, expirez lentement par la bouche en comptant jusqu'à 8.

1..

2…

3....

4.....

5....

6......

7......

8.......

Merveilleux !

Observez votre respiration une fois de plus

Ressentez le calme dans votre respiration maintenant

Respirez profondément une fois de plus et suivez le chemin qu'il emprunte.

Observez le passage du souffle dans vos narines.

Suivez-le jusqu'au bout en passant par les poumons.

Sentez-le aller vers votre nombril

Sentez-le toucher le point du chakra sacré.

N'est-ce pas un sentiment exaltant ?

Répétez le processus une fois de plus

Respirez profondément une fois de plus et suivez le chemin qu'il emprunte.

Observez le passage du souffle dans vos narines.

Suivez-le jusqu'au bout en passant par les poumons.

Sentez-le aller vers votre nombril

Sentez-le toucher le point du chakra sacré.

C'est un sentiment tellement incroyable

Sentez la lumière de couleur orange qui émane de ce point.

C'est l'énergie du chakra sacré.

Il a été piégé à l'intérieur du chakra.

Sentez-le se répandre tout autour

Visualisez votre corps entier se colorant de la couleur orange.

Il vous illumine de l'intérieur

C'est l'énergie qui vous permet d'expérimenter ce monde entier.

Il vous remplit de vigueur et de vitalité.

Il vous rend vivant et joyeux

Tu sens le frisson de la vie en toi

Sentez-vous la teinte de l'excitation sexuelle

Il n'y a pas à avoir honte de ce sentiment.

Il faut en profiter

Ressentez le frisson qui parcourt votre corps

Il n'est pas nécessaire de le fuir

Acceptez-le

L'absorber

Buvez-le.

N'en ayez pas peur

C'est votre énergie

Il a toujours été en toi.

Vous êtes simplement en train de vous redécouvrir une fois de plus.

Laissez cette énergie orange se répandre dans toutes les parties de votre corps.

Laissez-le vous remplir de vigueur et de vitalité.

Inhalez

Expirez

Inhalez

Expirez

Ramenez votre attention sur votre respiration

Respirez profondément

Inhalez

Expirez

Inhalez

Expirez

Inhalez

Expirez

En gardant les yeux fermés, observez attentivement votre respiration

Concentrez-vous sur votre respiration

Inhalez

Expirez

Inhalez

Expirez

Concentrez-vous à nouveau sur la respiration

Sentez votre souffle une fois de plus

Essayez de sentir votre environnement

Essayez de sentir vos membres sans les bouger

Détente

Asseyez-vous pendant quelques instants avec les yeux fermés

Maintenant, vous pouvez ouvrir les yeux quand vous le souhaitez.

Guérison du chakra du plexus solaire

Changements de mode de vie pour la guérison et l'équilibrage du chakra du plexus solaire

Rétablissez votre connexion avec le soleil

Le chakra du plexus solaire vous remplit de la lumière vive du Soleil et vous rend aussi énergique et puissant que le Soleil lui-même. Cependant, si vous vous sentez faible dans ce chakra, regarder la lumière apaisante du soleil au crépuscule et à l'aube peut aider à rétablir l'équilibre dans ce chakra. Lorsque vous vous exposez au soleil, n'oubliez pas de ne pas le faire pendant de très longues périodes et de ne jamais regarder le soleil pendant une longue période de la journée, car cela peut causer de graves dommages à vos yeux.

Prendre un bain de soleil

Les bains de soleil auront également un impact similaire sur votre vie. Les bains de soleil vous aideront à recharger physiquement votre chakra du plexus solaire. Cependant, même pour les bains de soleil, vous devez vous abstenir de les pratiquer trop longtemps en plein soleil, car ils peuvent endommager votre peau.

Maintenir des limites saines

Un chakra du plexus solaire hyperactif peut facilement vous faire franchir les limites personnelles et professionnelles, et vous pouvez apparaître comme une personne dominatrice, trop critique et exigeante. Dans un tel cas, il peut être difficile de maintenir des relations saines. Pour atténuer votre chakra du plexus solaire, vous devez pratiquer des limites saines dans votre vie personnelle et professionnelle. Plus vous vous contenez dans ces limites, plus il sera facile de rétablir l'équilibre énergétique.

Rompre le cycle de vie

Si l'énergie de ce chakra est faible, elle vous empêchera de prendre des risques ou de sortir de votre zone de confort. Cependant, si vous n'essayez pas, cela vous entraînera encore plus bas. La meilleure façon de vous en sortir est d'essayer de sortir de votre zone de confort et de relever de nouveaux défis. Plus vous vous comporterez de manière aventureuse, plus ce chakra sera énergisé. C'est le chakra de ceux qui prennent des risques et des défis. Il vous donne l'appétit de digérer le monde entier ; vous ne devez pas réfléchir à deux fois avant de prendre une petite bouchée.

Développez une routine quotidienne physiquement engageante ou stimulante.

Devenez très actif. Une routine morne et ennuyeuse peut enlever l'énergie de ce chakra. Essayez de faire au moins une fois quelque chose qui implique un travail physique intense, car cela vous permettra de garder vos batteries chargées.

Fruits et vêtements jaunes

Manger des fruits jaunes et porter des vêtements jaunes peut aider à charger ce chakra plus rapidement. Vous pouvez également choisir de porter de l'or, car cela aide aussi.

Yoga pour la guérison et l'équilibrage du chakra du plexus solaire

- Pose en demi-bateau
- Salutation au soleil
- Pranayam ou techniques de respiration
- Pose de la vache
- Pose du bateau
- Pose du chat
- Soufflet

Cristaux pour la guérison et l'équilibrage du chakra du plexus solaire

Topaze jaune, oeil de tigre jaune, citrine jaune, ambre, quartz rutile et agate jaune.

Huiles essentielles pour la guérison et l'équilibrage du chakra du plexus solaire

Bois de rose, citron, lavande, camomille romaine et romarin.

Méditation de guérison du chakra du plexus solaire

Asseyez-vous dans une posture de jambes croisées

Fermez les yeux doucement

Gardez votre colonne vertébrale droite

Si vous en ressentez le besoin, vous pouvez utiliser un dossier.

Veuillez maintenir une posture droite tout au long de la séance de méditation.

Gardez vos épaules droites et équidistantes

Votre prochain devrait également rester droit

Veuillez lever le menton un peu vers le ciel.

Juste un peu

Vous pouvez placer vos mains sur vos genoux ou sur vos genoux comme vous le souhaitez.

Pendant la méditation, vous devrez garder les yeux fermés.

Vous pouvez avoir plusieurs pensées liées à vos pensées personnelles et professionnelles pendant la méditation.

Ne faites pas attention à eux

Il suffit de les écarter et de prêter attention à votre respiration.

Vous devez vous concentrer sur votre conscience

Cette séance de méditation vous aidera à retrouver votre spontanéité, votre vitalité et votre volonté. Il y a des moments où tout semble perdu. Cependant, le soleil se lève chaque jour à l'est et apporte avec lui de nouveaux espoirs et de nouvelles possibilités. Cette séance de méditation vous aidera à redécouvrir vos espoirs, aspirations et ambitions perdus.

Asseyez-vous calmement, les yeux légèrement fermés

Tu n'as pas besoin de penser à quoi que ce soit en ce moment.

C'est le moment de se détendre

Si des pensées se bousculent dans votre esprit, ne vous inquiétez pas.

Laissez-les passer

Ils ne vous concernent pas pour le moment

Vous devez devenir une personne calme et paisible à ce moment-là.

Pas besoin de penser à quoi que ce soit

Pas besoin de se concentrer sur le chagrin ou le bonheur

Pas besoin de s'inquiéter des échecs et des succès

Pas besoin de s'inquiéter de la peur des plaisirs

C'est le moment de rester immobile et silencieux

Vous n'avez pas besoin de faire quoi que ce soit.

Concentrez-vous sur votre respiration

Observez attentivement votre respiration

Inhalez

Expirez

Inhalez

Expirez

Inhalez

Expirez

Inhalez

Expirez

Inhalez

Expirez

Restez concentré sur votre respiration

Essayez de sentir chaque aspect de votre respiration

Votre respiration est-elle rapide en ce moment ?

Ça va se refroidir.

L'air est-il froid ou chaud ?

Pouvez-vous sentir l'air qui entre dans vos narines ?

Faites attention à cet air

Nous allons maintenant faire une respiration profonde

Vous allez inspirer lentement par le nez jusqu'à ce que je compte 7.

Tenez-le jusqu'à ce que vous ayez compté jusqu'à 7

Puis expirez très lentement par la bouche en comptant jusqu'à 8.

Restez concentré sur votre respiration

Ne le laissez pas s'égarer

Il peut être détourné vers des pensées aléatoires

Ne vous inquiétez pas.

Reconnaissez simplement la pensée et ramenez votre attention sur la respiration.

Prenez une respiration lente et profonde par le nez

1..

2...

3....

4.....

5....

6......

7......

Maintenant, retenez doucement cette respiration jusqu'à 7.

1..

2...

3....

4.....

5....

6......

7......

Maintenant, expirez lentement par la bouche en comptant jusqu'à 8.

1..

2...

3....

4.....

5....

6......

7......

8.......

Excellent !

Répétez une fois de plus

Prenez une respiration lente et profonde par le nez

1..

2...

3....

4.....

5....

6......

7......

Maintenant, retenez doucement cette respiration jusqu'à 7.

1..

2...

3....

4.....

5....

6......

7......

Maintenant, expirez lentement par la bouche en comptant jusqu'à 8.

1..

2...

3....

4.....

5....

6......

7......

8.......

Merveilleux !

Observez votre respiration une fois de plus

Ressentez le calme dans votre respiration maintenant

Respirez profondément

Sentez le souffle s'élever de vos narines et plonger profondément dans vos poumons.

Suivez son chemin comme il voyage vers votre chakra du plexus solaire.

Sentez le souffle illuminer tout le chakra du plexus solaire de l'intérieur.

Respirez profondément.

Sentez votre souffle illuminer le chakra du plexus solaire une fois de plus.

Ressentez le pouvoir de cette région

Pensez aux possibilités qu'il offre

Visualisez vous en train de vivre une vie réussie

Pensez à toutes les choses que vous avez toujours voulu posséder.

Sentez-les dans votre contrôle

Vous avez la capacité d'obtenir tout ce que vous désirez

Le chakra du plexus solaire, dans votre ventre, brille comme une étoile.

Il vous donne le potentiel de rendre tout possible

Vous avez juste besoin de donner un grand coup de pouce à tout ce que vous voulez.

Il est possible pour vous de le faire à nouveau.

Vous avez rendu cela possible dans le passé

Vous pouvez à nouveau le rendre possible très facilement

Vous devez juste y penser une fois

Vous devez simplement vous décider à le faire.

Vous êtes prêt à relever tous les défis de ce monde.

Vous pouvez affronter ce monde de front

Vous n'avez pas peur des défis

Ils vous donnent la motivation nécessaire pour travailler davantage

Sentez l'énergie qui se développe en vous

Imaginez la force que vous avez

Le pouvoir que vous pouvez exercer

L'influence que vous pouvez exercer

Tout cela peut vous aider sur le chemin

Vous êtes capable de tout accomplir

Sentez la confiance en vous

Ressentez le pouvoir qui est en vous

Sentez la force en vous

Restez dans cette position et admirez le moment.

Laissez-le vous remplir de vigueur et de vitalité.

Inhalez

Expirez

Inhalez

Expirez

Ramenez votre attention sur votre respiration

Respirez profondément

Inhalez

Expirez

Inhalez

Expirez

Inhalez

Expirez

En gardant les yeux fermés, observez attentivement votre respiration

Concentrez-vous sur votre respiration

Inhalez

Expirez

Inhalez

Expirez

Concentrez-vous à nouveau sur la respiration

Sentez votre souffle une fois de plus

Essayez de sentir votre environnement

Essayez de sentir vos membres sans les bouger

Détente

Asseyez-vous pendant quelques instants avec les yeux fermés

Maintenant, vous pouvez ouvrir les yeux quand vous le souhaitez.

Guérison du chakra du cœur

Changements de mode de vie pour la guérison et l'équilibrage du chakra du cœur

Commencez à faire attention à vous

Ce chakra est toujours en quête d'amour et d'attention, mais cela ne doit pas nécessairement venir des autres. Nous sommes toujours en quête d'amour et d'attention, mais nous ne nous préoccupons jamais de nous montrer un peu d'amour et d'attention envers nous-mêmes. Si vous vous sentez déprimé, offrez-vous un dîner somptueux, un film, une pièce de théâtre ou toute autre chose qui suscite votre intérêt. Ne vous laissez pas affamer par l'amour et l'attention des autres.

Donnez à l'amour la place qui lui revient dans la vie

Ce chakra ne peut pas fonctionner correctement sans amour dans la vie. Encore une fois, cet amour peut être pour n'importe quoi. Si vous êtes simplement passionné par les livres, il n'y a aucun problème car cela suffit à charger ce chakra. Cependant, vous devez trouver quelque chose pour vous maintenir engagé et garder votre attention intacte.

Respirez un peu

Ne vous transformez pas en rat de bureau. Accordez-vous du temps pour respirer. Ce chakra aspire à quelque chose de plus qu'à des accolades et des réalisations. Il veut de la détente et de la joie. Si vous vous sentez à l'étroit dans votre emploi du temps, prenez le temps de vous offrir quelque chose de relaxant.

Essayez de rester motivé

Le manque de motivation pour quoi que ce soit peut être une grande déception pour ce chakra. C'est le chakra de l'enthousiasme pour la vie. Les énergies à ce niveau sont intenses, et c'est pourquoi si vous commencez à rester triste et démotivé, ce chakra peut commencer à perdre son élan.

Ravivez votre relation avec la nature

Si vous vous sentez déprimé, essayez de faire un pique-nique dans un endroit proche de la nature et de la verdure. Prévoyez un week-end dans une forêt ou partez en randonnée. Passer un peu de temps en pleine nature peut contribuer à dynamiser ce chakra.

Devenez plus accueillant et invitant

Vous devez vous ouvrir à de nouvelles choses, personnes, idées et expériences. Devenez plus tolérant dans la nature. Ne vous attachez pas à des choses précises. Laissez les choses du passé s'en aller et acceptez les nouveautés de la vie. Il faut faire de même dans les relations et les intérêts. Le chakra du cœur vous demande d'être très ouvert et d'accepter par nature. Vous devez être prêt à laisser le passé derrière vous et à accepter le présent à bras ouverts.

Apprendre de nouvelles formes d'art

L'apprentissage de nouvelles formes d'art peut également enflammer l'énergie de ce chakra. Ce chakra possède une forte étincelle créative, et apprendre de nouvelles choses peut faire briller cette flamme.

Vert

La couleur verte est bonne pour ce chakra. Vivre près de la nature, manger des légumes à feuilles vertes et porter des vêtements verts peut aider à rétablir l'équilibre énergétique de ce chakra.

Yoga pour la guérison et l'équilibrage des chakras du cœur

- Pose de l'aigle
- Pose du chameau
- Torsion vertébrale assise
- Balances de bras

Cristaux pour la guérison et l'équilibrage du chakra du cœur

Calcite verte, cyanite verte, quartz rose, jade, émeraude et tourmaline verte.

Huiles essentielles pour la guérison et l'équilibrage des chakras du cœur

Rose, palmarosa, bergamote, géranium, ylang-ylang, néroli, lavande et mélisse.

Méditation de guérison du chakra du cœur

Rep

Asseyez-vous dans une posture de jambes croisées

Fermez les yeux doucement

Gardez votre colonne vertébrale droite

Si vous en ressentez le besoin, vous pouvez utiliser un dossier.

Veuillez maintenir une posture droite tout au long de la séance de méditation.

Gardez vos épaules droites et équidistantes

Votre prochain devrait également rester droit

Veuillez lever le menton un peu vers le ciel.

Juste un peu

Vous pouvez placer vos mains sur vos genoux ou sur vos genoux comme vous le souhaitez.

Pendant la méditation, vous devrez garder les yeux fermés.

Vous pouvez avoir plusieurs pensées liées à vos pensées personnelles et professionnelles pendant la méditation.

Ne faites pas attention à eux

Il suffit de les écarter et de prêter attention à votre respiration.

Vous devez vous concentrer sur votre conscience

Cette séance de méditation vous aidera à établir un lien fort avec vos racines. Elle vous aidera à vous sentir plus ancré et plus ferme. Le sentiment de contentement, d'autosuffisance et de paix, qui vous fait défaut, deviendra plus fort dans votre cœur après cette séance.

Asseyez-vous calmement, les yeux légèrement fermés

Tu n'as pas besoin de penser à quoi que ce soit en ce moment.

C'est le moment de se détendre

Si des pensées se bousculent dans votre esprit, ne vous inquiétez pas.

Laissez-les passer

Ils ne vous concernent pas pour le moment

Vous devez devenir une personne calme et paisible à ce moment-là.

Pas besoin de penser à quoi que ce soit

Pas besoin de se concentrer sur le chagrin ou le bonheur

Pas besoin de s'inquiéter des échecs et des succès

Pas besoin de s'inquiéter de la peur des plaisirs

C'est le moment de rester immobile et silencieux

Vous n'avez pas besoin de faire quoi que ce soit.

Concentrez-vous sur votre respiration

Observez attentivement votre respiration

Inhalez

Expirez

Inhalez

Expirez

Inhalez

Expirez

Inhalez

Expirez

Inhalez

Expirez

Restez concentré sur votre respiration

Essayez de sentir chaque aspect de votre respiration

Votre respiration est-elle rapide en ce moment ?

Ça va se refroidir.

L'air est-il froid ou chaud ?

Pouvez-vous sentir l'air qui entre dans vos narines ?

Faites attention à cet air

Nous allons maintenant faire une respiration profonde

Vous allez inspirer lentement par le nez jusqu'à ce que je compte 7.

Tenez-le jusqu'à ce que vous ayez compté jusqu'à 7

Puis expirez très lentement par la bouche en comptant jusqu'à 8.

Restez concentré sur votre respiration

Ne le laissez pas s'égarer

Il peut être détourné vers des pensées aléatoires

Ne vous inquiétez pas.

Reconnaissez simplement la pensée et ramenez votre attention sur la respiration.

Prenez une respiration lente et profonde par le nez

1..

2...

3....

4.....

5....

6......

7......

Maintenant, retenez doucement cette respiration jusqu'à 7.

1..

2...

3....

4.....

5....

6……

7……

Maintenant, expirez lentement par la bouche en comptant jusqu'à 8.

1..

2…

3….

4…..

5….

6……

7……

8…….

Excellent !

Répétez une fois de plus

Prenez une respiration lente et profonde par le nez

1..

2...

3....

4.....

5....

6......

7......

Maintenant, retenez doucement cette respiration jusqu'à 7.

1..

2...

3....

4.....

5....

6......

7......

Maintenant, expirez lentement par la bouche en comptant jusqu'à 8.

1..

2...

3....

4.....

5....

6......

7......

8.......

Merveilleux !

Observez votre respiration une fois de plus

Ressentez le calme dans votre respiration maintenant

Respirez profondément

Concentrez votre attention au centre de votre poitrine

C'est le point du chakra du cœur.

Essayez de visualiser la lumière verte qui sort de ce point.

Regardez votre cœur plein d'amour et de compassion

Ce cœur a le pouvoir de guérir beaucoup

Il a de la peine pour le monde entier

Il peut pardonner aux gens

Il peut oublier les choses qu'il ne peut pas pardonner.

Il n'y a pas de place pour la haine

C'est juste plein d'amour et de compassion

Personne n'est capable de blesser un tel cœur.

Ce cœur peut guérir n'importe quel type de blessure

Il est plein de calme et de sang-froid

Il n'y a pas d'anxiété

Il n'y a pas de stress

Il n'y a pas de chagrin

Il n'y a pas de solitude

Il n'y a que de l'amour et de la joie

Laissez s'évaporer toute sorte de douleur, de chagrin, de misère et de mauvais souvenir.

Cela fait partie de la vie d'avoir de mauvaises expériences.

Nous devons apprendre à lâcher prise

Nous devons apprendre à aller de l'avant

Nous devons apprendre à faire confiance

Nous devons apprendre à aimer à nouveau

Respirez profondément une fois de plus.

Vous vous sentez léger maintenant

Vous avez l'impression qu'une lourde charge s'est détachée de votre poitrine.

Il est temps de se réjouir

Il est temps d'être heureux

Profitez de ce moment

Laissez-la remplir votre cœur et votre mémoire

Inhalez

Expirez

Inhalez

Expirez

Ramenez votre attention sur votre respiration

Respirez profondément

Inhalez

Expirez

Inhalez

Expirez

Inhalez

Expirez

En gardant les yeux fermés, observez attentivement votre respiration

Concentrez-vous sur votre respiration

Inhalez

Expirez

Inhalez

Expirez

Concentrez-vous à nouveau sur la respiration

Sentez votre souffle une fois de plus

Essayez de sentir votre environnement

Essayez de sentir vos membres sans les bouger

Détente

Asseyez-vous pendant quelques instants avec les yeux fermés

Maintenant, vous pouvez ouvrir les yeux quand vous le souhaitez.

Thorat Chakra Healing

Changements de mode de vie pour la guérison et l'équilibre du chakra de la gorge

Améliorez votre capacité à parler en public - suivez des cours si nécessaire.

L'exposition au public et la capacité d'exprimer clairement vos pensées sont deux exigences très importantes de ce chakra. Elles resteront étouffées si vous continuez à fuir les discours en public. Le meilleur moyen d'y remédier est de développer des aptitudes à parler en public. Parler est aussi naturel pour les personnes dont le chakra de la gorge est fort que voler au-dessus de l'océan l'est pour les mouettes. Il n'est pas nécessaire d'apprendre à un poisson l'art de nager. L'hésitation peut être due à une faible énergie dans le centre de la gorge, mais cela peut être facilement rectifié avec l'aide de l'art oratoire. Si nécessaire, vous devriez suivre des cours d'art oratoire, que l'art oratoire fasse partie ou non de votre description de poste. Garder ce chakra inexploré peut vous rendre timide et ambigu. Vous pouvez également commencer à rencontrer des problèmes de communication, même dans des groupes proches, si le problème est ignoré à ce stade et vous pouvez même ne pas être capable de vous exprimer clairement.

Arrêtez de mentir

Certaines personnes deviennent tout simplement des menteurs invétérés sans raison particulière. Elles ne mentent pas pour une cause mais juste pour rester dans la pratique. Si vous faites partie de ces personnes, vous pouvez causer un grand tort à votre chakra de la gorge. C'est le chakra de l'expression claire et concise. Si vous commencez à mentir trop souvent, les énergies de ce chakra peuvent diminuer. Vous commencerez à perdre votre côté convaincant, et vous pourrez également commencer à rencontrer des problèmes pour transmettre clairement votre message aux masses.

Participez à des discussions passionnantes

Participez à des discussions saines. Plus vous participez à des discussions saines, plus ce chakra devient puissant. Cependant, vous ne devez pas transformer les discussions en arguments, car ce chakra peut facilement devenir très dominateur et égoïste. Concentrez-vous simplement sur la recherche d'une conclusion à chaque discussion.

Pratiquer l'observation du ciel

Regarder le ciel bleu clair peut aider à améliorer les niveaux d'énergie de ce chakra. Il aime vraiment l'opportunité de se sentir connecté à l'étendue vaste et illimitée, et le ciel bleu clair lui offre exactement cela.

Bleu

Les vêtements et les fruits de couleur bleue sont bons pour le développement de ce chakra.

Yoga pour la guérison et l'équilibrage du chakra de la gorge

- Pose du chameau
- Pose de la charrue
- Pose du pont
- Pose en triangle
- Pose du guerrier
- Angle latéral élargi
- Debout sur les épaules

Cristaux pour la guérison et l'équilibrage du chakra de la gorge

Iolite, turquoise, lapis-lazuli, aigue-marine, célestite, cyanite bleue et sodalite.

Huiles essentielles pour la guérison et l'équilibrage du chakra de la gorge

Romarin, encens, lavande et hysope.

Méditation de guérison du chakra de la gorge

Asseyez-vous dans une posture de jambes croisées

Fermez les yeux doucement

Gardez votre colonne vertébrale droite

Si vous en ressentez le besoin, vous pouvez utiliser un dossier.

Veuillez maintenir une posture droite tout au long de la séance de méditation.

Gardez vos épaules droites et équidistantes

Votre prochain devrait également rester droit

Veuillez lever le menton un peu vers le ciel.

Juste un peu

Vous pouvez placer vos mains sur vos genoux ou sur vos genoux comme vous le souhaitez.

Pendant la méditation, vous devrez garder les yeux fermés.

Vous pouvez avoir plusieurs pensées liées à vos pensées personnelles et professionnelles pendant la méditation.

Ne faites pas attention à eux

Il suffit de les écarter et de prêter attention à votre respiration.

Vous devez vous concentrer sur votre conscience

Cette séance de méditation vous aidera à retrouver votre voix perdue. Il y a des moments où nous avons tout simplement du mal à nous exprimer. Dire même des choses simples devient si difficile. Chaque mot ressemble à une lutte. Puis il y a des moments où tout ce que vous dites ne signifie rien pour les autres. Vous trouvez qu'il est pratiquement impossible de transmettre votre message de manière claire et concise. Cela arrive à tout le monde. C'est juste une phase qui arrive dans la vie de chacun d'entre nous. Cette séance de méditation vous aidera à retrouver la confiance en votre voix et en vos capacités.

Asseyez-vous calmement, les yeux légèrement fermés

Tu n'as pas besoin de penser à quoi que ce soit en ce moment.

C'est le moment de se détendre

Si des pensées se bousculent dans votre esprit, ne vous inquiétez pas.

Laissez-les passer

Ils ne vous concernent pas pour le moment

Vous devez devenir une personne calme et paisible à ce moment-là.

Pas besoin de penser à quoi que ce soit

Pas besoin de se concentrer sur le chagrin ou le bonheur

Pas besoin de s'inquiéter des échecs et des succès

Pas besoin de s'inquiéter de la peur des plaisirs

C'est le moment de rester immobile et silencieux

Vous n'avez pas besoin de faire quoi que ce soit.

Concentrez-vous sur votre respiration

Observez attentivement votre respiration

Inhalez

Expirez

Inhalez

Expirez

Inhalez

Expirez

Inhalez

Expirez

Inhalez

Expirez

Restez concentré sur votre respiration

Essayez de sentir chaque aspect de votre respiration

Votre respiration est-elle rapide en ce moment ?

Ça va se refroidir.

L'air est-il froid ou chaud ?

Pouvez-vous sentir l'air qui entre dans vos narines ?

Faites attention à cet air

Nous allons maintenant faire une respiration profonde

Vous allez inspirer lentement par le nez jusqu'à ce que je compte 7.

Tenez-le jusqu'à ce que vous ayez compté jusqu'à 7

Puis expirez très lentement par la bouche en comptant jusqu'à 8.

Restez concentré sur votre respiration

Ne le laissez pas s'égarer

Il peut être détourné vers des pensées aléatoires

Ne vous inquiétez pas.

Reconnaissez simplement la pensée et ramenez votre attention sur la respiration.

Prenez une respiration lente et profonde par le nez

1..

2...

3....

4.....

5....

6......

7......

Maintenant, retenez doucement cette respiration jusqu'à 7.

1..

2...

3....

4.....

5....

6......

7......

Maintenant, expirez lentement par la bouche en comptant jusqu'à 8.

1..

2...

3....

4.....

5....

6......

7......

8.......

Excellent !

Répétez une fois de plus

Prenez une respiration lente et profonde par le nez

1..

2...

3....

4.....

5....

6......

7......

Maintenant, retenez doucement cette respiration jusqu'à 7.

1..

2...

3....

4.....

5....

6......

7......

Maintenant, expirez lentement par la bouche en comptant jusqu'à 8.

1..

2...

3....

4.....

5....

6......

7......

8.......

Merveilleux !

Observez votre respiration une fois de plus

Ressentez le calme dans votre respiration maintenant

Respirez profondément

Concentrez votre attention sur l'arrière de votre gorge

A travers les yeux de votre conscience, essayez de visualiser une lumière bleue venant de l'arrière de la gorge.

Sentez cette lumière se répandre dans d'autres parties de votre corps.

Laissez-le se répandre

Laissez-la couvrir vos épaules

Laisse-le aller dans ta tête

Sentez votre corps entier recouvert de cette brume bleue.

C'est la lumière nourrissante du chakra de la gorge.

Il rendra votre communication plus forte et plus claire

Quoi que tu dises, le monde écouterait

Prenez quelques respirations profondes et laissez votre bouche s'imprégner de cette lumière bleue.

Laissez-le atteindre toutes les parties du corps

Respirez profondément.

Inhalez

Expirez

Inhalez

Expirez

Inhalez

Expirez

Inhalez

Expirez

Inhalez

Expirez

Maintenant, imaginez-vous en train de parler de manière claire et concise

Visualisez les gens qui vous écoutent avec beaucoup d'attention

Regardez leurs visages

Ils ont la clarté

Vous êtes capable de leur transmettre chaque mot de façon claire et nette.

Il n'y a aucune ambiguïté

Il n'y a pas de confusion

On ne peut pas se cacher

Vous les écoutez maintenant

C'est une partie tellement importante du processus

Il est si difficile de parler clairement sans écouter attentivement.

Écoutez ce qu'ils ont à dire

Absorbez tout ce qu'ils veulent dire

Maintenant, ils vous comprendront clairement

Maintenant vous les comprenez clairement

Il n'y a pas de confusion maintenant

Il n'y a plus de peur maintenant

Respirez profondément

Inhalez

Expirez

Inhalez

Expirez

Inhalez

Expirez

Ramenez votre attention sur votre respiration

Respirez profondément

Inhalez

Expirez

Inhalez

Expirez

Inhalez

Expirez

En gardant les yeux fermés, observez attentivement votre respiration

Concentrez-vous sur votre respiration

Inhalez

Expirez

Inhalez

Expirez

Concentrez-vous à nouveau sur la respiration

Sentez votre souffle une fois de plus

Essayez de sentir votre environnement

Essayez de sentir vos membres sans les bouger

Détente

Asseyez-vous pendant quelques instants avec les yeux fermés

Maintenant, vous pouvez ouvrir les yeux quand vous le souhaitez.

Guérison du chakra du troisième œil

Changements de style de vie pour la guérison et l'équilibrage du chakra du troisième œil

Pratiquez des exercices d'équilibrage du cerveau

Vous devrez continuer à titiller votre cerveau pour donner un bon exercice à ce chakra. Vos capacités cognitives doivent être fortes si vous voulez gérer ce chakra correctement, et les exercices d'équilibrage du cerveau peuvent vous y aider. Accordez une attention appropriée à votre cerveau gauche et à votre cerveau droit et jouez à des jeux qui vous mettent au défi intellectuellement.

Étendre votre niveau de perception

C'est le chakra du pouvoir illimité de la perception. Il ne peut y avoir aucune limite aux choses que cet esprit peut imaginer. Cependant, comme ton imagination, ta perception doit aussi être large. Il s'agit d'une compétence qui doit être développée lentement avec de la pratique. Essayez de ressentir les choses qui vous entourent. Essayez de ressentir les énergies qui vous entourent. Essayez de limiter les pensées négatives et pensez à toutes les choses positives qui pourraient se produire. Plus vous élargissez votre pouvoir de perception, plus il vous sera facile de gérer les énergies à ce niveau.

Renforcez votre chakra racine

L'un des plus gros problèmes de ce chakra est la peur. Ce chakra peut apporter avec lui des peurs inimaginables. Les hallucinations et la paranoïa s'emparent facilement des gens. Si vous n'êtes pas correctement ancré dans la réalité, vous pouvez facilement perdre votre équilibre et tomber dans un puits sans fond de peur et de paranoïa. Le chakra racine peut vous aider à rester ancré dans la réalité. Il vous donne également une base spirituelle solide. Pour rester en sécurité à ce niveau, il est important d'avoir un chakra racine fort. Le chakra du troisième œil peut également vous faire perdre la notion de temps et de lieu. Il atténue la distinction de ces choses. Le chakra racine est également important pour vous permettre de rester collé au temps présent.

Arrêtez les pensées négatives

Ne pensez pas à des choses négatives. Ce chakra peut multiplier plusieurs fois tout ce que vous pensez. Donc, si la douceur de l'émotion est présente lorsque vous travaillez sur ce chakra, les choses qui peuvent être multipliées seront positives, et donc, vous aurez une expérience positive. Cependant, si vous avez des choses négatives dans votre esprit et qu'elles sont prises dans le travail du chakra du troisième œil, cela peut être une expérience vraiment effrayante pour vous. Même l'expérience des énergies dans le milieu environnant peut vous laisser vraiment effrayé. À ce stade, tout ce qui compte, c'est la façon dont vous pensez et la manière dont vous guidez votre perception.

N'ayez pas d'influences négatives

À ce niveau, tout ce qui est négatif doit être complètement évité. Vous ne devriez même pas penser à vos ennemis. Mieux, vous ne devriez pas avoir d'ennemis du tout. Même si vous avez quelqu'un à qui vous en voulez ou que vous considérez comme un ennemi, votre esprit peut faire en sorte que cette personne se dresse contre vous, ce qui vous mettrait dans une position désavantageuse. Le jeu du début n'est jamais équitable à ce niveau.

Arrêtez de fantasmer et de rêvasser

Les rêveries et les fantasmes doivent être découragés, car ce chakra peut donner des ailes à vos rêves, mais peut ne jamais vous permettre de vous poser à nouveau. Essayez de rester dans la réalité autant que possible. Ne laissez pas votre attention vagabonder.

Indigo

L'indigo est la couleur de ce chakra. Porter cette couleur ou garder des objets de cette couleur peut aider à garder le chakra du troisième œil actif et énergisé.

Yoga pour la guérison et l'équilibrage du chakra du troisième œil

Vous pouvez bénéficier des bienfaits du yoga dans ce chakra, mais il n'existe pas de yoga spécifique pour ce chakra.

Cristaux pour la guérison et l'équilibrage du chakra du troisième œil

Lépidolite, sugilite, lapis-lazuli, améthyste, fluorine, tanzanite, quartz clair, saphir étoilé et disthène.

Huiles essentielles pour la guérison et l'équilibrage du chakra du troisième œil

Encens, lavande et bois de santal.

Guérison du chakra de la couronne

Changements de mode de vie pour la guérison et l'équilibrage du chakra de la couronne

Soyez reconnaissants et pleins de gratitude

Ce chakra est le plus difficile à activer et à atteindre. Il n'y a pas de chemin droit vers ce chakra, et donc, vous ne pouvez qu'espérer trouver un chemin indirect. Le fait d'être reconnaissant et d'exprimer sa gratitude allège le fardeau de votre karma et vous rend léger. C'est l'un des moyens qui sont conseillés dans diverses religions pour atteindre la libération. Vous devez vous y tenir si vous voulez que votre karma reste faible et que le chemin vers la libération soit clair. Cette attitude aide à garder la conscience claire.

Participez à des actions caritatives de tout type

Il n'y a rien de mieux que le travail de charité pour se débarrasser du poids du karma. Il n'est pas nécessaire de donner tout votre argent ou votre maison à une œuvre de charité, mais faites tout ce que vous pouvez pour aider les personnes dans le besoin. Devenez plus spirituel par nature. Essayez de trouver le bien parmi les gens que vous connaissez. Plus vous serez généreux dans vos relations, plus il vous sera facile d'éliminer les restrictions du karma.

Soyez respectueux des aînés

Dans la tradition hindoue, les bénédictions des anciens ont un grand pouvoir. Elle considère que si vous êtes respectueux envers vos aînés et que vous travaillez de bonne foi, vous obtiendrez leurs bénédictions. Ces bénédictions peuvent vous aider à maintenir l'équilibre des énergies dans ce chakra.

Yoga pour la guérison et l'équilibrage des chakras de la couronne

- Appui-tête
- Debout sur les épaules

Cristaux pour la guérison et l'équilibrage du chakra de la couronne

Quartz clair, labradorite, pierre de lune, sélénite, améthyste et topaze blanche.

Conclusion

Merci d'être allé jusqu'au bout de ce livre, espérons qu'il a été instructif et qu'il vous a fourni tous les outils dont vous avez besoin pour atteindre vos objectifs, quels qu'ils soient.

Le concept des chakras est étonnant, et il apporte une grande clarté sur les choses qui arrivent dans la vie, et dont nous ne sommes pas en mesure d'en déterminer les raisons.

Ce livre a tenté d'expliquer en détail le concept des chakras et la manière dont il affecte réellement nos vies.

L'objectif de ce livre est d'expliquer que nous n'avons peut-être aucun contrôle réel sur les choses qui arrivent dans la vie, mais que nous pouvons devenir proactifs grâce aux méthodes données dans ce livre et garder le contrôle de nos vies malgré toutes les difficultés.

Vous pouvez également obtenir tous les avantages du processus en suivant les étapes simples données dans le livre.J'espère que ce livre est vraiment capable de vous aider à atteindre vos objectifs.

Enfin, si vous avez trouvé ce livre utile de quelque manière que ce soit, une critique sur Amazon est toujours appréciée !

www.ingramcontent.com/pod-product-compliance
Lightning Source LLC
Chambersburg PA
CBHW071436080526
44587CB00014B/1871